AF590960

LE LIBÉRALISME EN PRÉSENCE DES ÉLECTIONS.

LE LIBÉRALISME EN PRÉSENCE DES ÉLECTIONS.

PAR

M. LE Vte DE CALVIMONT St-MARTIAL.

A PARIS,

CHEZ G. A. DENTU, IMPRIMEUR-LIBRAIRE,

RUE DU COLOMBIER, N° 21;

et Palais-Royal, galerie d'Orléans, n° 13.

1830.

LE

LIBÉRALISME

EN PRÉSENCE

DES ÉLECTIONS.

Une Constitution a cela d'avantageux, qu'elle peut faire de toute une nation un corps si bien uni, si bien organisé, que les partis y soient ou impossibles dans leur formation, ou impuissans dans leurs effets. La Charte octroyée à la France par Louis XVIII promettait surtout cet heureux résultat, en accordant aux classes moyennes de la société des prérogatives au-delà même de ses espérances, et en ôtant de nos institutions premières ce qui avait servi de prétexte à la révolution.

Après tant d'évènemens qui ont péniblement et pendant si long-temps agité notre ordre social, cette Charte semblait donc l'avoir rétabli dans une situation fixe et désormais inébranlable. Elle ne consacre, il est vrai, que des principes de première nécessité; mais ces principes sont garantis contre toute altération ou contre tout renversement; et la parole royale elle-même, pour leur servir de rempart, s'est transformée en un pacte inviolable. Que pouvait encore désirer le peuple de plus généreux de la part de ses rois, et, pour son avenir, de plus solide et de plus durable?

Louis XVIII, en proclamant les libertés publiques, les a données uniquement à ses sujets comme une conception et une munificence royales. Or, les meilleures libertés qu'on peut souhaiter sont celles qu'un Roi lui-même a créées, et dont il se déclare le protecteur.

Pour l'homme, une liberté sans frein a toujours été et serait encore l'état sauvage : nulle loi humaine n'a pu l'établir en principe, et moins encore l'auguste auteur de la Charte. Aussi cette loi fondamentale, qui porte en tout l'empreinte de l'autorité paternelle, reconnaît un pouvoir tutélaire, chargé de veiller à sa conservation.

Mais, pour la mettre en péril, comment le libéralisme use-t-il de sa liberté? Tantôt il prétexte à dessein ou crée à plaisir des abus d'autorité ou des dangers factices propres à soulever les germes de la révolte; tantôt, en dénaturant les principes de notre politique, il livre les esprits à de funestes dissensions en matière de gouvernement, appelle toutes les espérances sur le succès ou la chute de quelques partisans ou de quelques adversaires au pouvoir, et fait agir ostensiblement les ennemis du repos public; tantôt, enfin, il soumet des projets audacieux et inconstitutionnels à l'adoption de la multitude, comme pour séduire sa faiblesse ou flatter sa puissance.

Toutefois, malgré les efforts du libéralisme, ne croyons pas que la chose publique soit menacée d'une ruine inévitable. Le malaise que nous éprouvons tient à des causes faciles à combattre et faciles à signaler. Tel est l'objet de cet écrit, dans lequel nous offrons à tous les Français nos recherches sur l'origine du mal qui travaille le corps politique. Ce mal, déjà signalé dans ses causes principales par le discours du trône, semble avoir reçu son dernier développement dans le vote d'une adresse qui a réalisé pour nous un de ces grands évènemens bien propres à réveiller l'attention des peuples et des rois.

Quoi de plus digne aujourd'hui de l'intérêt tout spécial des électeurs de France, que de bien approfondir les questions qui importent le plus à l'honneur du pays, au maintien et à la prospérité de ses institutions?

Quoi de plus essentiel pour décider le succès attendu à si juste titre des élections prochaines, que d'éclairer les consciences, en dévoilant sous toutes ses faces une opinion, un parti, le *libéralisme*, en, un mot, également subversif de la royauté et de la Charte elle-même!

Quoi de plus indispensable, enfin, en présence du tribunal imposant prêt à s'élever dans tout le royaume pour prononcer sur sa situation et son avenir, que de faire entendre la voix d'une vérité sévère, mais impartiale; que de dessiller tous les yeux sur l'origine de la crise qui nous tourmente, et sur ses coupables auteurs!

Cette tâche, mes devoirs de fidèle sujet et de Français dévoué me l'ont imposée. Pour essayer de la remplir dignement, je me propose de prouver, dans une première partie, que les reproches contenus dans le discours de la couronne s'adressaient surtout à la licence de la presse; ce qui m'amènera à suivre le libéralisme dans toutes ses erreurs les plus funestes au pays, et à peindre la constance avec laquelle il attaque dans nos institutions tout ce qui peut les garantir de leur ruine, ou leur promettre quelques développemens et quelque prospérité.

Dans une seconde partie, passant des causes à leur effet le plus immédiat, je démontrerai que l'adresse de 1830, votée par une majorité libérale, n'est que la conséquence monstrueuse de doctrines impies, doctrines que la France doit se hâter de repousser, si elle veut maintenir ses droits, son existence, et conserver parmi les nations le rang qu'elle y occupe.

PREMIÈRE PARTIE.

Le Roi avait fait entendre sa voix; la France, représentée au pied de son trône, avait écouté ses augustes paroles dans un pieux recueillement, et les avait applaudies avec un vif enthousiasme. Pouvait-elle, en effet, accueillir autrement l'expression de la pensée de son Roi, quand ce Roi, uniquement jaloux du bonheur de ses sujets, déclarait ne s'occuper que des moyens de l'accroître chaque jour, et de l'assurer à jamais en affermissant des institutions qui en sont la première source et le plus solide fondement? Déjà la Chambre haute s'était rendue l'organe de la reconnaissance nationale. Si la majorité de la Chambre élective n'eût écouté que ses devoirs, sans doute l'opinion de la première Chambre eût fait écho dans son sein ; et aujourd'hui la prévoyance royale, heureusement trompée dans ses alarmes, ne verrait s'ouvrir devant elle qu'un cours non interrompu de bienfaits nouveaux.

Loin de là ; il a fallu que les évènemens vinssent bientôt justifier quelques paroles dont la noble fermeté et le sens prophétique ont semblé frapper la révolution de terreur, mais sans ralentir ses efforts. Oui, elles n'étaient pas gratuitement supposées, ces *insinuations* et ces *manœuvres* dont le Roi n'a pas vainement essayé de flétrir toute la perfidie en les signalant à son peuple (1) ; oui, en même temps que la révolution se récriait sur une menace émanée d'un trône qu'elle ne disait environné que de confiance et d'amour, au moyen de la presse libérale, elle travaillait sourdement la Chambre élective ; et sous la forme d'une adresse respectueuse et ferme, selon elle, mais, selon nous, hypocrite et calomnieuse, elle nous a semblé déguiser une seconde fois ces détestables paroles, que la révolution peut prendre pour devise : *Tous les liens sont rompus.*

Sans examiner encore tout ce qu'il y avait dans cette adresse d'envahissant et de contraire à l'esprit de nos institutions, je me demanderai d'abord comment il peut se faire qu'une majorité quelconque en France abjure des principes qu'elle ne doit pas violer, pour proclamer des erreurs qui flattent la liberté, la séduisent et la perdent?

Comment se fait-il que tous les grands doctrinaires du siècle, invariables dans leurs opinions, tantôt nous présentent la Charte comme la seule garantie de l'ordre, et tantôt essaient de tourner cette Charte contre la royauté, comme s'ils avaient oublié que le Roi l'a donnée pour garantir la sécurité de tous les Français, et non pas pour asservir sa propre autorité?

Ces contradictions choquantes, qui semblent aujourd'hui confondre toutes les notions dans un même chaos, ne sont que les fruits déplorables, je ne dirai pas de la liberté de la presse, mais de son immoralité et de sa licence effrénée. Ainsi, quoique depuis la restauration la France jouisse d'un repos et d'une paix qui sont un vrai miracle après vingt années antérieures de guerres et de déchiremens politiques, néanmoins depuis long-temps on n'entend parler que de la patrie en danger et que de ses libertés menacées.

Durant le trop difficile et trop orageux enfantement de cette chimérique Constitution, qui devait sauver l'Etat, et qui le détruisait avant de naître, Mirabeau laissa tomber de la tribune cet oracle prophétique, savoir : « Que ce sont les principes qui sauvent les Etats, et les erreurs qui les détruisent. » Conséquemment, la révolution a toujours adopté la presse indépendante et licencieuse comme le moyen le plus sûr de dénaturer les principes, de propager les erreurs, et d'arriver aux fins qu'elle se propose. N'est-ce pas, en effet, par ce moyen, que sont survenues aux peuples divers les grandes et malheureuses catastrophes dont l'histoire a conservé le souvenir?

La religion catholique fleurissait en Angleterre depuis des siècles; tout à coup une faction se montre, qui veut la renverser pour lui substituer le protestantisme. Le catholicisme, profondément enraciné dans les cœurs, semble devoir triompher des efforts de ses ennemis; mais d'abord la liberté, et bientôt la licence de la presse, viennent à leur secours, et les esprits sont subjugués; la religion catholique est non seulement abolie, mais profanée, flétrie jusque dans le caractère sacré du pape, que la réforme présente au fanatisme de tout un peuple comme étant le véritable *antechrist*.

Louis XV s'aperçut, dans le cours de son règne, des fermens de révolution qui menaçaient de troubler la France. On lui en témoigne de l'inquiétude; il rassure ses courtisans, et promet que, de son vivant, aucun malheur ne surviendra à l'Etat. En effet, il dissout le Parlement, parvenu au faîte de sa puissance, et pas la moindre insurrection populaire n'accompagne ce grand évènement; mais aussi la presse était encore contenue dans des bornes étroites; une surveillance sage et préservatrice tenait heureusement lieu d'une répression presque toujours insuffisante, et toujours trop tardive.

Louis XVI arrive au trône. Ceux de ses ennemis qui s'appelèrent son peuple exigent aussi de lui sa confiance : il l'accorde sans limites; dès lors, les digues qui retenaient le torrent sont rompues. La faiblesse, qui perd tout, semble encore à Louis XVI le moyen de tout sauver; et pour en donner une nouvelle et dernière preuve, il supprime toutes les peines portées contre les auteurs des mauvais livres, et toutes les entraves mises à leur circulation.

Dès lors, la révolution va atteindre son but. Au moyen de pamphlets infectés d'un poison chaque jour plus subtil, elle irrite de nouveau les esprits, corrompt les cœurs, et compose enfin une Convention; c'est alors qu'au nom du peuple français la presse grava sur son livre de sang ces mots, dont l'Europe frémit encore : « Le roi a mérité la mort! » Dans l'origine de la monarchie anglaise, les femmes des rois portaient le nom de reines : une survint, qui empoisonna son mari. La nation anglo-saxonne, dans son indignation, abolit ce nom de reine, à jamais souillé par cet odieux attentat, et n'accorda aux femmes de ses derniers rois qu'un titre qui rappela toujours et le crime, et son châtiment. France! jusqu'alors la reine des nations de l'Europe; France! après l'attentat du 21 janvier, devais-tu bien conserver ce beau nom, qui jusque-là n'avait exprimé et accompagné rien que de grand, rien que de généreux? Alors l'invisible main d'un Dieu vengeur vint armer ton bras contre toi-même, contre le monde entier. Sa justice te condamna d'abord à laver dans ton propre sang ton poignard régicide; et après avoir changé pour toi en une sorte de gloire l'épreuve des terribles châtimens qui t'ont couverte de deuil ainsi que l'univers, tu te vis encore foulée aux pieds et presqu'écrasée par le colosse effrayant de tes ennemis ligués contre toi.

Cette fois, ils eussent partagé tes dépouilles, et effacé bientôt jusqu'à ce nom de France, exécré par eux, si dans ce moment la légitimité ne t'eût prise sous sa protection, et réconcilié avec l'Europe! Après une si terrible expérience, la révolution, fruit des préjugés populaires, doit avoir à jamais perdu son empire sur la faiblesse des rois.

Cette vérité, écrite chez tous les peuples en caractères ineffaçables, se retrouve aussi fortement exprimée dans le discours de la couronne. Que doit faire, en effet, la royauté? Tranquille spectatrice de tous les évènemens, elle doit d'abord en étudier les causes, avant d'y appliquer le remède. Or, quel est le premier et le plus scandaleux abus qui depuis déjà trop longtemps a dû frapper en France l'attention, je ne dirai pas seulement du Roi, mais même de tout homme attaché aux intérêts de son pays? Pour répondre à cette question, je n'ai qu'à montrer les tribunaux de presque tous les départemens saisis d'un nombre considérable de procès relatifs aux délits, ou plutôt aux crimes de la presse libérale.

Je ne parlerai pas ici de ces libelles où est distillé le venin de la calomnie contre la réputation des hommes irréprochables, et surtout des hommes fidèles; de ces productions infâmes qui deviennent la pâture des passions et la ruine des bonnes mœurs; de ces écrits scandaleux qui conduisent de l'irrévérence envers Dieu et la religion, au mépris de la royauté et de tous les gouvernemens légitimes; de ces œuvres honteuses et aujourd'hui trop fréquentes, où l'homme ne craint pas d'afficher son athéisme jusqu'à préconiser le suicide sans trouble et l'homicide par sentiment, comme les actes les plus sublimes dans un monde après lequel il n'est pas d'avenir; enfin, de ces bibliothèques errantes qui vont porter une science perfide jusque dans les lieux les plus solitaires, et corrompre jusqu'à l'honnête ignorance, jusqu'à l'indigence laborieuse.

Quelque coupables que soient tous ces

effets de la licence de la presse, et quelqu'immédiate que soit leur influence sur les esprits, en matière de politique, je puis en ce moment les passer sous silence, et me borner au seul effet qui nous a été indiqué par les royales paroles. Or, leur sens, dans toute son étendue, s'applique, non pas, comme l'a prétendu le libéralisme, à des insinuations criminelles, résultat de la malveillance de la Chambre, mais à des insinuations par lesquelles la presse quotidienne entraîne un trop grand nombre d'hommes dans une voie où il n'est pas possible d'accorder son opinion avec son devoir.

C'est donc sur les journaux du libéralisme que la pensée royale a dû s'arrêter principalement. Depuis long-temps en effet ces journaux perturbateurs, après avoir excité les Français au refus de l'impôt, n'avaient-ils pas commencé et poursuivi la discussion du projet d'adresse? Ils ne craignaient pas de déclarer qu'elle devait être hostile. Par quels motifs justifiaient-ils et justifient-ils encore aujourd'hui sa rédaction? Par des tableaux où la France nous est représentée sous le jour le plus effrayant et le plus lugubre; ils ne signalent partout que les efforts du despotisme tenant la royauté elle-même captive, menaçant les libertés publiques d'une ruine prochaine; prétextes spécieux à l'aide desquels ils se placent sous la protection de la couronne et du peuple, qu'ils détestent également; et désormais inviolables, il n'est pas d'excès qu'ils ne se permettent contre tout ce qu'il y a de plus sacré; pas de lois ni de convenances qui leur inspirent quelque crainte, quelque respect ou quelque retenue.

Comme ces vents brûlans qui portent avec eux la contagion et la peste, ils ne soufflent que des doctrines impures, dont les ravages, quelque temps suspendus sous un horizon rembruni, doivent finir par éclater comme la foudre.

Les journaux libéraux, tous partis d'abord d'une opposition systématique, en sont venus à une exaspération qui trahit en eux le projet d'engloutir l'ordre social dans l'abîme qu'ils creusent avec tant de constance.

Au-dehors de la France, ennemis jurés de don Miguel, ils paraissent se prononcer en faveur d'une légitimité factice, et ne s'attachent un moment à ce fantôme trompeur que parce qu'ils espèrent s'en servir pour renverser le véritable maître, qui porte ombrage à leurs desseins. Au-dehors encore, mécontens de voir la nation grecque échappée à la licence républicaine, unique objet de leurs vœux, et rendue à une liberté sage sous la tutelle de la monarchie, dans l'intérêt de la Grèce et de l'Europe entière, ces philanthropes aimeraient mieux replacer leurs cliens sous le cimeterre sanglant de Mahmoud, que sous le sceptre paternel d'un roi chrétien.

Au-dedans, il n'est pas de moyens violens qu'ils n'emploient pour ébranler, je ne dirai pas seulement l'existence de tous les ministères, mais même les bases sur lesquelles reposent l'existence de la Constitution et celle de la dynastie.

N'est-ce pas attaquer d'abord indirectement la dynastie, que de jeter le ridicule et le mépris sur tous ceux qui lui furent toujours dévoués? et comme, grâce à Dieu, les journaux ne peuvent plus rajeunir contre eux la vertu cruellement magique du mot *aristocrates*, ils en ont fait une caste non moins abhorrée, qu'ils appellent *congrégation*. A la faveur de ce nom, dont ils torturent le sens, ils accablent d'accusations et d'outrages ceux auxquels ils l'appliquent. N'est-ce pas attaquer indirectement la dynastie, que de présenter ses partisans, hélas! trop désunis par leurs intérêts, leurs opinions et leurs actes, comme formant encore une société politique qu'on appelle impudemment la *faction*, et qu'on accuse chaque jour devant le peuple de conspirer la ruine de la Charte et la résurrection de l'absolutisme? N'est-ce pas attaquer indirectement la dynastie, que de garder toujours un silence improbateur sur les bienfaits de la royauté, et, au contraire, de ne prodiguer les éloges qu'à tout ce qui lui fut le plus opposé?

Sont-ce des hommes, auxquels leurs antécédens révolutionnaires devraient faire un besoin de la retraite, pour y trouver l'oubli de la solitude, si ce n'est la consolation du repentir? eh bien! réveillés par les journaux libéraux, qui leur promettent de la célébrité, les voilà déjà portés par eux en triomphe dans tout le royaume. Au milieu du concert étourdissant d'adulations qui, selon ces journaux, accueillent et suivent tous leurs pas, des Français, pour venger le pays calomnié par ces récits mensongers, peuvent à peine se faire entendre par l'organe de quelques journaux royalistes.

Est-ce encore un banquet prétendu constitutionnel, et commandé par les feuilles libérales? De quoi se compose le compte qu'en rendent ces feuilles avec fracas? Ce compte, c'est l'exposé de divers toasts qui en tient lieu; vraies déclamations démagogiques, inspirées par la manie de célébrer, sous le nom de courage, une accusation qui, n'ayant point été justifiée, fut une lâcheté politique; d'applaudir à l'éloquence de publicistes factieux; d'invoquer une liberté qui mette la royauté en tutelle et en esclavage, et d'appeler l'exécration publique sur une minorité vraiment courageuse, qui a su protéger, défendre les droits de la couronne, et rester en harmonie avec elle.

Ne sont-ce pas là, je le demande, des attaques indirectes, mais réellement hostiles, des insinuations bien caractérisées contre la dynastie? Venons-en aux attaques positives, qui cette fois doivent prendre le nom de *manœuvres perfides*, consacré par le discours royal.

Une condamnation judiciaire a pu flétrir, mais n'a pu faire oublier si tôt l'infâme apologue par lequel un journal essaya d'avilir les qualités augustes de notre monarque; et bien qu'un châtiment légal ait frappé ses auteurs, la honte et la responsabilité publiques en sont restées attachées à l'esprit du journalisme libéral. N'est-ce pas encore à lui que nous devons la discussion raisonnée d'une autre feuille nouvellement célèbre, sur les divers gouvernemens qui pourraient le mieux convenir à la France, et cette assertion, que des esprits vifs et généreux préféreraient le gouvernement républicain, sans autre chef qu'un président rééligible (2)?

Dans ce même article, cependant, *le National*, forcé, par je ne sais quel scrupule, de reculer devant les conséquences dernières de sa profession de foi, tâche d'en pallier un peu la culpabilité, en balbutiant quelques protestations de respect pour la Charte; mais ce n'est, pour lui, qu'une occasion nouvelle d'attaquer la dynastie, pour laquelle il déclare qu'il professe, et que chacun doit professer avec lui la plus grande indifférence. Je le demande : est-il un sentiment plus anti-français et plus odieux que celui-là? Une nation ne supporte pas cet état d'indifférence qui paralyse : ou elle aime, et elle défend; ou elle abandonne, et tout se détruit. C'est en se livrant à l'amour de ses sujets que le grand Henri monta sur son trône; Louis XVI périt sur l'échafaud, après que ses ennemis, par la constance et la perfidie de leurs insinuations et de leurs manœuvres, eurent excité l'indifférence dans le cœur de ses sujets; car jamais ils ne purent y faire naître la haine.

Frappé de ce déchirant souvenir, je ferai à mon tour une question au *National.* Puisque, d'après les derniers mots de son article, la France, instruite par les résultats désastreux de son enthousiasme pour le génie d'un conquérant, doit être bien désenchantée des personnes, qu'a donc coûté à la France son amour pour les Bourbons? N'est-ce pas elle, au contraire, qui est comptable envers eux de leur propre sang répandu en son nom? et pour leur faire oublier cette immense et affreuse dette, la France n'a-t-elle pas été réduite à implorer la clémence des fils de saint Louis? *Pardon, oubli,* tels ont été les premiers mots des Bourbons à leur rentrée dans la patrie : et l'on veut nous persuader qu'il n'y a ni félonie ni haute trahison dans l'ingratitude qui paie tant de générosité par l'indifférence, qui cherche à déshériter de notre amour nos princes légitimes, et qui les confond dans l'esprit de leurs sujets avec un usurpateur dont le génie inquiet et le despotisme militaire menacèrent d'anéantir l'Europe!

Quelles sont les conséquences fâcheuses qui résultent de tous ces efforts si souvent renouvelés par les ennemis du trône? c'est que s'ils ne parviennent pas d'abord à ravir à nos princes l'amour de leur peuple, patrimoine sacré de leur royale famille, du moins, en propageant librement des doctrines pernicieuses, ils réveillent les partis, flattent de coupables ambitions, et ébranlent chaque jour les bases sur lesquelles doit reposer la dynastie légitime.

C'est ainsi que l'histoire, quoiqu'elle soit du domaine public, devient une propriété particulière dont les usurpateurs abusent contre la légitimité. Voyez-les exploiter, au moyen de tous les arts, et surtout de la peinture la plus vile, les hommes et les évènemens dont le souvenir seul doit offenser la dynastie actuelle; et non content de faire parler, pour ainsi dire, les murailles elles-mêmes, couvertes de portraits séditieux si éloquens dans leur silence, le libéralisme monte sur nos théâtres, et cherche à y avilir la royauté dans ces drames, monumens d'audace ou de mauvais goût, qui font frémir d'indignation ou sourire de pitié.

Mais que sont ces tentatives vraiment ridicules et puériles, si on les compare à la publication d'un ouvrage où l'auteur appelle l'attention publique sur la nécessité et sur l'opportunité de la chute des Stuarts? Quelle est son intention? N'est-ce pas évidemment d'insinuer un parallèle, bien faux sans doute, mais non moins coupable, en replaçant sous nos yeux la tombe d'une famille vieillie, il est vrai, en Angleterre, par la succession des grands rois qu'elle lui avait fournis, mais non par son incapacité de la gouverner; d'une famille illustre, qui, pour avoir été frappée sans retour par la hache révolutionnaire, n'en subsistera pas moins dans l'histoire, par ses nobles souvenirs, ses malheurs et sa fin déplorable, comme un monument de gloire pour la *royauté*, et comme un monument d'éternelle infamie pour la révolution (3);

d'une famille, enfin, dont l'exemple terrible ne peut être rappelé à la France que pour bien lui apprendre à conserver sa dynastie, et non à la dynastie pour lui apprendre à conserver la France?

Puisse le libéralisme concevoir désormais pour la famille de nos Rois d'autres sentimens que ceux de la haine, et d'autre projet que son renversement! Mais jusqu'ici chaque jour de sa fatale existence, chaque mot de sa presse quotidienne ne nous révèlent que ceux-là.

Ai-je achevé le tableau de ses tentatives coupables? Non, car j'ai dit, en second lieu, que les journaux libéraux travaillent à renverser la Constitution; ils l'attaquent d'abord indirectement en affaiblissant l'autorité royale, qui est la base des divers pouvoirs, et en établissant chaque jour que cette autorité tolérable, mais nullement nécessaire, doit demeurer étrangère au gouvernement du pays (4); comme s'il pouvait être dans l'esprit d'une Constitution octroyée librement par le Roi, de dépouiller le souverain de ses droits essentiels à la dignité de sa couronne, ainsi qu'au bonheur de son peuple; comme si une Constitution monarchique était le caprice des sujets imposé au Roi, et non l'expression immuable de la volonté royale manifestée à ses sujets; comme si l'article 15 de la Charte n'attribuait pas au Roi la première part de la puissance législative!

Ils attaquent la Constitution, en ôtant pour ainsi dire au Roi la prérogative qui lui est attribuée par l'article 16 de la Charte, l'initiative dans la proposition des lois; car ils n'entretiennent le public que de mesures nouvelles improvisées par l'arbitraire et la légèreté. Une pareille liberté d'opinions, capable de détruire toute possibilité de gouvernement, est sans doute l'abus le plus grave qu'il peut être fait de l'art. 8 de la Constitution. Quoi de plus effrayant, en effet, que de voir le vaisseau de l'Etat à la fois gouverné par tant de pilotes inhabiles, imprudens ou suspects, qui, loin de justifier leur mission par aucune espèce de mandat, s'en rendent toujours plus indignes, par des vues également contraires et dangereuses, tout au plus propres à soulever les tempêtes politiques au lieu de les apaiser, et par cette morgue de prétendus publicistes qui veulent être autant ou plus que le Roi lui-même!

C'est ainsi que les journaux libéraux, par leurs propres colonnes, ou par les pétitions aux Chambres, écho docile de leurs erreurs, proposent chaque jour au pays, sous le nom de projets de lois indispensables, des changemens importans à la loi fondamentale.

Le peuple, naturellement mineur, a au-dessus de lui une tutelle vigilante, ou administration des communes, que la royauté s'est réservée par les articles 13 et 14 de la Charte. Mais écoutez le libéralisme; il faut anéantir cet état de choses : et le peuple, contre l'expérience des siècles, devenu capable tout à coup de se conduire lui-même, fera plus encore; il nommera ses propres supérieurs, et sera par conséquent plus habile et plus puissant qu'eux, puisqu'à chaque instant il pourra les assujettir à sa censure et à sa réélection.

Le Roi maintient auprès de lui le conseil d'Etat, cet appui principal du pouvoir administratif; le conseil d'Etat, dont l'importance et les lumières sont attestées par l'estime et la protection que lui accorda toujours, en France, celui-là même qui, en le conservant dans son règne orageux, respectait la supériorité des talens, ou cédait à l'empire de la nécessité. Le conseil d'Etat, vraie Cour d'appel d'autant de tribunaux administratifs qu'il y a de départemens en France, est, dans l'Etat et auprès du trône, ce qu'est un conseil de famille auprès d'un tuteur dont il doit éclairer l'administration; le conseil d'Etat, qui d'ailleurs concourt d'une manière toute spéciale à la rédaction et à la proposition des projets de loi, travail de la plus haute importance pour la nation elle-même : eh bien! aucune de ces considérations si vraies, si graves, n'influe sur l'opinion libérale, et, par ses organes périodiques, elle ne cesse d'attaquer ce corps vénérable, dont elle demande la dissolution, présage certain et prélude obligé de la dissolution de l'ordre social tout entier.

D'après l'article 68 de la Charte, sont lois inviolables de l'Etat les dispositions du Code civil; mais les plus nécessaires d'entre elles sont également combattues. Quoi de plus conforme, par exemple, à la loi naturelle, que cette partie de la loi civile qui consacre l'hérédité en principe? cette représentation du père par ses enfans, qui leur fait passer ses biens avec son sang, qui établit l'ordre dans les familles et fait toute la force des sociétés? Cependant, ce principe paraît monstrueux, inhumain à la tendre sollicitude de quelques pamphlétaires exagérés; et je ne sais s'ils veulent que le peuple sorte de Rome une seconde fois, pour y régner sans rivaux; mais à leur avènement au pouvoir, ils semblent lui promettre le partage égal des terres.

Les sages législateurs, qui étaient bien loin de partager d'aussi folles doctrines, ont voulu que le citoyen français pût transmettre héréditairement son avoir; mais comme la subdivision égale des héritages leur paraissait devoir compromettre le maintien et la prospérité des familles, ils leur ont donné le conseil et la faculté de remédier à ce danger, en laissant à leur prévoyante disposition une part séparée des autres. Avec cette part, elles peuvent accorder une prime juste et durable au mérite ou à la primogéniture, ce qui, dans tous les cas, assure à l'Etat deux conditions indispensables de prospérité : l'influence de la richesse et l'encouragement des vertus privées; en un mot, user de la portion de bien disponible, est dans l'esprit de nos lois et dans l'intérêt du pays.

Mais combien arrive-t-il souvent, par le concours de circonstances indépendantes de la volonté du testateur, que le partage égal a lieu après lui? Cependant, tant que cet abus règne, les propriétés se morcellent; les grands héritages, après de nombreuses divisions, s'évanouissent; le grand propriétaire, image d'une petite royauté qui prête toute sa force à la Constitution, est perdu pour elle; une population nombreuse, plus mécontente parce qu'elle est appauvrie, plus appauvrie parce que, fière d'une apparence de richesse, elle fuit les secours du travail et les ressources de l'industrie; tels sont les résultats déplorables où nous conduit le partage indéfini des terres.

Le libéralisme, attentif au salut de l'Etat, les déplorera-t-il avec nous? Au contraire, je le vois encore tout ému de la fureur que lui inspira le projet de loi dont il fallait adopter le principe et restreindre les conséquences, si elles étaient trop étendues.

Mais c'est le principe même que nos adversaires repoussaient. Quoi! assurer les salutaires dispositions du Code civil, en matière de succession, contre les chances trop fréquentes de leur inexécution; rétablir sur un fondement inébranlable la consistance du royaume, et affermir le trône en consolidant l'appui de la grande propriété; préparer à la France constitutionnelle, sur toutes les parties de son vaste territoire, des représentans dont les intérêts, largement attachés au sol, lui répondissent de la droiture de leurs opinions, tout cela ne devait-il pas faire crier anathême aux libéraux? Et encore tous les jours, ne livrent-ils pas à l'exécration publique la pensée d'une loi qui pourrait arrêter la trop grande division des propriétés?

Ces propriétés en elles-mêmes sont aussi fortement compromises quand, par suite du produit élevé et presqu'exclusif de l'argent, les fortunes se dénaturent, se déplacent, et se centralisent dans les grandes villes. Une première loi dont le succès, réformateur de cet abus, a également favorisé les finances de la France, et presque rétabli son agriculture, n'en fut pas moins il y a quelques années, pour les journaux libéraux, un texte de plaintes amères, et même un levier de sédition. Aujourd'hui encore, au nom du commerce et de l'industrie, ces journaux s'indignent et se désespèrent en présence d'un second projet de loi destiné, par une nouvelle et salutaire réduction de la rente, à compléter un système d'où dépend la prospérité de tout le sol français.

Ainsi, sans sortir des prétentions d'une liberté illimitée, ils ne provoquent aucune mesure d'ordre et de justice, proclament tout ce qui doit compromettre la Constitution, repoussent tout ce qui peut la rendre impérissable.

Attentifs à parodier les formes anglaises dans ce qu'elles ont de plus indépendant, ils refusent d'y reconnaître l'indestructible souveraineté du Roi par l'aristocratie, qui enchaîne la liberté sans lui laisser même la pensée du malaise et de la révolte. Mais, puisqu'ils veulent modifier ainsi à plaisir nos mœurs politiques sur celles de l'Angleterre, pourquoi ne vont-ils pas aussi y étudier un moment le libéralisme?

Ils y verraient que les ennemis du gouvernement, livrés à des passions haineuses et individuelles, conservent toujours assez de patriotisme pour les sacrifier au besoin, et pour ne pas attaquer l'existence du pays dans ses bases les plus essentielles. Comme, par exemple, nos voisins d'outre-mer savent que ces bases consistent surtout dans l'agglomération et la grande étendue des propriétés, sans lesquelles tomberait l'aristocratie, et avec elle la puissance et la gloire de la nation, jamais cet état de choses n'est l'objet des attaques de la presse.

Jamais encore les écrivains anglais ne dirigent leur censure ni leurs plaintes contre la Chambre des lords. La noblesse, en France, soutien des Rois, et origine de leur grandeur, tomba avec Louis XVI. Reproduite avec Louis XVIII dans la Chambre haute, certes, les priviléges de cette Chambre, devenus en même temps ceux de la nation (puisque le plus beau de tous est de faire participer les pairs à la défense de ses intérêts); certes, dis-je, ces priviléges ne devraient pas trouver d'ennemis. Chaque jour ils devraient prendre de l'extension, et augmenter, en faveur de ceux qui en sont revêtus, cette considération, source première d'une salutaire influence. Loin de là; le libéralisme les surveille, et cherche même à les avilir, « parce que, dit-il, ils sont déjà trop grands. » Il lui semble voir revivre en eux l'ancienne noblesse avec toutes ses prérogatives.

Ne sait-il donc pas que cette noblesse, désormais réduite à vivre en France de ses seuls souvenirs, n'ambitionne plus que le privilége héréditaire de se distinguer par sa constante fidélité au Roi et par son attachement à nos institutions?

Il craint l'envahissement du pouvoir populaire par celui du Roi et de la Chambre des pairs; mais puisque provisoirement il condamne le pouvoir du Roi à demeurer nul, et la Chambre des pairs à s'attacher servilement aux intérêts de la couronne, mieux lui vaudrait-il avouer sans détour qu'il porte une haine égale à la royauté, et que c'est par zèle pour la Constitution qu'il cherche à paralyser au moins leur action et à compromettre leur existence, s'il ne peut affranchir la démocratie d'une société qui l'importune.

La Charte, en déshéritant, dans son article 9, les victimes de la révolution des biens dits *nationaux*, dont ils avaient été dépouillés, en avait, dans l'article 10, énoncé la condition indispensable, savoir, que l'État devait les dédommager par une indemnité. Elle fut enfin allouée aux émigrés. Mais quelque tardive qu'elle ait été, quelque modique, quelqu'insuffisante qu'elle doive être pour la plupart, le libéralisme néanmoins, outré de cet acte de réparation, qu'on ne pouvait différer davantage sans blesser les droits de la justice et du malheur, a refusé de voir en lui l'application d'un droit constitutionnel reconnu et voté constitutionnellement.

Aujourd'hui encore, sans respecter les souvenirs d'une Chambre qui était aussi la représentation nationale, il ne craint pas de placer à la tête des plus coupables de ses actes l'allocation de l'indemnité des émigrés.

La révolution rancuneuse n'a pu oublier, en effet, tout ce que l'émigration eut de redoutable. Quand les parricides poussèrent l'audace jusqu'à en faire un crime à l'infortuné Louis XVI, comme une tentative de guerre coupable, ils savaient bien qu'ils n'eussent pu résister à la ligue sacrée de la noblesse française, si des circonstances toujours plus fatales n'étaient venues successivement enchaîner son courage et paralyser ses efforts; mais non diminuer une gloire qui lui est à jamais acquise par un dévouement et une fidélité jusqu'alors sans exemple.

La loi d'indemnité devant donc survivre à jamais comme un monument et une récompense, il n'est pas étonnant que ce fâcheux caractère efface, aux yeux du libéralisme, son sceau de constitutionnalité, et qu'il exhale d'autant plus sa fureur, que les trois pouvoirs ont amnistié ces mêmes hommes, dont ils voulaient au moins adoucir les sacrifices.

L'article 14 de la Charte porte : « Le Roi « commande les forces de terre et de « mer. » Pourquoi alors les feuilles qui se disent *constitutionnelles*, retentissent-elles si souvent d'attaques violentes contre la composition de l'armée, et surtout contre ce qu'elle a de plus fidèle?

S'agit-il de cette garde royale, dont la bravoure et le dévouement sont auprès du trône un gage de sécurité pour le reste des Français, comme ses priviléges et sa discipline sont pour le reste de l'armée l'objet d'une noble émulation ; eh bien! quelle occasion laisse-t-on échapper de faire de la garde royale l'objet des attaques du journalisme libéral? Il veut qu'on abolisse toute différence établie dans le service et les attributions des corps militaires, sous le frivole prétexte d'une égalité impossible sous les drapeaux, et de la diminution des charges de l'Etat.

Mais l'Etat lui-même serait bientôt menacé de perdre l'armée, s'il était permis d'entamer son organisation, en préludant par ce qu'elle a de plus choisi et de plus éprouvé; si l'on détruisait dans cette armée le premier des corps qui la composent, destiné, au besoin, à prêter sa force à tous les autres, et à les rallier autour de lui; si, en supprimant la garde particulière de nos princes, dont l'existence et les priviléges sont autorisés, justifiés, commandés par l'exemple de presque tous les royaumes, on déclarait par-là même qu'il n'est plus suffisamment français d'inspirer à des légions entières de guerriers le désir et l'espérance de servir un jour de plus près la personne de leur Roi; que cet honneur, qui est en même temps une récompense, ne doit rien coûter au pays, et qu'ainsi la condition militaire ne peut plus être considérée, dans la patrie des Bayard et des du Guesclin, que comme un servile devoir ou comme une contrainte légale.

S'agit-il des Suisses; oh! leur présence dans l'armée est odieuse. Si à chaque renouvellement du budget quelque plainte à ce sujet retentit à la tribune, elle n'est que l'écho bien faible des emportemens furieux du journalisme libéral. D'abord, selon lui, il est humiliant pour la France de se voir gardée par des forces étrangères; en second lieu, la solde et l'entretien des Suisses sont beaucoup trop onéreux; enfin, ils offrent moins de garanties à l'Etat pour sa défense, et au Roi pour sa sûreté, que n'en offriraient un nombre égal de nos soldats.

Ainsi, vous le voyez, le libéralisme ne se borne pas ici à méconnaître l'article 14 de la Constitution, en s'ingérant dans la composition et les détails de l'armée, il le méconnaît encore en s'arrogeant le droit de discuter l'exécution, et censurer les conséquences des traités anciens et nouveaux que cette Constitution a placés dans le domaine exclusif de la royauté; mais qu'importe la Constitution? elle est au moins mauvaise dans cette circonstance, puisqu'elle paraît protéger les Suisses, qui ont de si fâcheux antécédens pour les libéraux,

Les Suisses, en effet, n'ont jamais été du parti des innovations en France.

Nous entretenions contre eux, sous Louis XII, une guerre coûteuse et sanglante; mais en même temps continuait entre la France et la cour de Rome la lutte opiniâtre qui s'était engagée au sujet de l'établissement des libertés de l'Eglise gallicane. Les Suisses, également redoutables à nos guerriers, et attentifs à notre situation intérieure, répondirent à des propositions de paix qui leur furent offertes par la Trémouille, notre ambassadeur, que, soumis avant tout au pape, chef universel des peuples chrétiens, ils exigeaient pour première condition de paix, que le roi de France abolît dans tous ses Etats les libertés de l'Eglise gallicanne. Sans discuter le mérite ou le vice de ces libertés, puisque d'ailleurs toute discussion sur ce sujet est à jamais interdite, il me suffit d'établir que de deux autorités en lutte, les Suisses préférèrent appuyer celle qui était la plus ancienne, et qui leur paraissait la mieux démontrée, et qu'ils combattirent fortement un état de choses qui tout au moins leur semblait être alors une innovation dangereuse.

De même, et à bien plus forte raison, dans la lutte de la royauté avec les libertés, je ne dis pas de la nation, mais du libéralisme révolutionnaire, qui toujours, et sous mille formes différentes, a plus ou moins inquiété le pays, les Suisses ont-ils jamais varié dans leur opinion et leur conduite à notre égard? non. Amis sincères du trône français, le trône, quand il s'est senti ébranlé, les a toujours trouvés auprès de lui pour le secourir.

Charles IX assiégé à Meaux par les confédérés, et enveloppé par eux, se trouve dans le plus imminent danger. La retraite du Roi sur Paris paraît presque impossible. On hésite, on se désespère; mais les Suisses ont parlé, et ils revendiquent avec prière l'honneur de ramener le Roi dans sa capitale. La Reine, jusqu'alors désolée, irrésolue, cède à une demande qu'inspirent à la fois l'héroïsme et la fidélité. « Allez vous reposer, leur dit-elle, et « demain, dès le matin, je confie à votre « valeur le salut du Roi et de son royaume. » Le lendemain arrive, les Suisses se forment en bataillon carré, et le Roi est ainsi reconduit à Paris comme au milieu d'une cour triomphante. Aussi Charles IX s'écria-t-il en arrivant, pour témoigner sa reconnaissance : « Sans M. de Nemours « et mes bons compères les Suisses, ma « vie ou ma liberté était en très-grand « branle. »

Henri III, également menacé de près par ses ennemis, et vivement inquiet sur sa position, appelle auprès de lui quatre mille Suisses, dont le dévouement, pour un grand nombre, alla jusqu'à se laisser égorger en défendant le Roi, dévouement qui devait encore immortaliser leurs braves descendans, défenseurs de Louis XVI. N'était-ce pas assez de crimes pour mériter aux Suisses la haine des libéraux?

Des étrangers, dites-vous, ne doivent

pas partager la défense du pays. Oui, sans doute, cela est démontré pour vous, qui n'avez jamais connu la force de ce mot français et constitutionnel : « Si le Roi le veut. » Et puis sont-ils bien étrangers, des hommes pour qui tant de traités d'alliance, tant de titres à notre reconnaissance doivent être des lettres de haute naturalisation?

Leur solde, ajoutez-vous dans vos feuilles, coûte trop à la France. Dieu! comme vous êtes heureux de pouvoir vous armer d'un pareil prétexte! Ce mot vous indigne; mais, évidemment, vos raisons sont-elles autre chose? Car si vous étiez d'abord de bonne foi, et d'accord sur le principe constitutionnel en vertu duquel le Roi peut et doit entretenir des Suisses dans son armée, vous convien-driez ensuite avec moi, qu'à moins d'une de ces disettes absolues d'argent qui ne surviennent aux Etats que par l'effet des révolutions, la France doit toujours trouver assez de ressources pour supporter les dépenses que justifie sa Constitution. N'y a-t-il pas d'ailleurs, permettez-nous ce juste reproche, de la petitesse d'esprit et une parcimonie honteuse, à reprocher à des étrangers éloignés de leur patrie, et que nous devons entretenir honorablement, la différence de leur solde avec celle de nos soldats? Eux-mêmes, plus généreux, ont-ils jamais conçu vis-à-vis des Suisses d'autre jalousie et d'autre rivalité que celle de la bravoure et du dévouement?

Félicitons-nous, au contraire, de conserver toujours dans les rangs de notre armée ces légions de guerriers qui, Français par le cœur, ne le cèdent point en patriotisme et en valeur à ceux qui le sont aussi par le sang. Presque toujours nos soutiens les plus fermes, souvenons-nous cependant qu'avant les derniers traités qui ont rendu comme indestructible notre alliance avec eux, les Suisses ont été assez longtemps et assez noblement nos adversaires, pour que nous ayons pu juger leur courage digne du nôtre, et désirer de nous fortifier de l'appui de leurs armes, plutôt que de les voir se tourner contre nous.

Quand le duc de Bourgogne, avec une armée formidable, alla les attaquer dans leur simple et modeste retraite: « Qu'y a-t-il à gagner avec nous? lui di« rent-ils; pays stérile, villes pauvres. Tou« tes nos richesses rassemblées ne valent « pas les brides de vos chevaux, ni les « éperons de vos chevaliers. » Mais quand vint le moment de montrer leur valeur, toute la puissance du duc de Bourgogne recula devant elle. Cette valeur encore fut un obstacle insurmontable pour le grand Henri lui-même, à la bataille d'Yvry, dont les Suisses ne se retirèrent qu'après avoir reçu l'assurance écrite du royal vainqueur, que leur corps n'avait pu être forcé de se rendre.

Ce titre de gloire devait se reproduire pour eux : oui, la révolution n'a pu refuser une attestation de bravoure aux Suisses du 10 août; mais celle-là, tous l'ont écrite et signée de leur sang. Ce seraient des soldats héritiers d'un sang aussi héroïque qu'on voudrait nous faire expulser de nos légions! Non, il n'en sera pas ainsi. Devenus nos amis pour toujours, les Suisses ont uni leur cause à la nôtre; dans ce moment même où le libéralisme désirerait sans doute rompre à leur égard des traités indissolubles, eux ne les invoquent que pour étendre les conditions de leur service en France, et pour qu'il leur soit permis de nous suivre au-delà des mers, et d'y aller partager nos périls et notre gloire.

Le libéralisme, également opposé à la gendarmerie, accuse son inutilité, sans doute parce que cette partie de l'armée est chargée du maintien de la tranquillité intérieure et de la surveillance du pays. Déjà on a obtenu la diminution de ce corps. Mais peu contens de ces résultats incomplets, que déplore cependant chaque jour l'autorité affaiblie, les ennemis de tout ordre veulent renverser entièrement une des barrières insurmontables qui s'opposent à leurs desseins.

Les journaux libéraux, enfin, attaquent l'armée en général; ils ont souvent avancé qu'elle était trop nombreuse, et même superflue dans nos institutions; alors réveillant, à l'aide de leur logique antinationale, les souvenirs de ces gardes de circonstance où le soldat se dit citoyen, où le citoyen ne se dit pas soldat, c'est à de pareilles milices, rarement disciplinées et toujours incomplètes, qu'ils voudraient confier uniquement la défense du royaume; c'est ainsi qu'ils voudraient conserver à la France cette attitude militaire dont sa position, autant que l'habitude de sa supériorité, lui font un besoin. Certes, si en professant ces doctrines, qui ravissent à notre brave armée le privilége d'être aussi la force et la gloire du pays, le journalisme libéral pouvait encore recruter des amis dans cette armée, nos légions et la patrie pourraient, à mon avis, renier comme transfuges de l'honneur national ceux qui se laisseraient séduire. Mais que dis-je? chaque brave est fidèle à son

Roi, et ne connaît pas d'autre devoir. L'acharnement avec lequel le libéralisme attaque l'armée pour l'ébranler ou l'affaiblir, prouve même qu'il a dû renoncer à s'emparer d'elle par la séduction. Ces attaques prouvent en même temps, jusqu'à l'évidence, que pour mieux violer l'article de la Charte qui rend le Roi chef suprême de l'armée, ils voudraient anéantir cette armée elle-même.

L'article 14 de la Charte n'est pas davantage à l'abri des atteintes du journalisme libéral sur ce point important, que c'est au Roi seul qu'il appartient de déclarer la guerre. Si la Constitution a établi les cas dans lesquels le pouvoir royal devait agir seul, elle a établi par-là même que ses décisions souveraines devaient être alors environnées de tout ce qui est indispensable pour leur donner de l'énergie et de la consistance; je veux parler du respect et de la soumission. Quand le Roi délibère avec les Chambres sur un projet de loi, c'est la nation elle-même qu'il consulte sur ses intérêts; elle a droit alors de faire entendre son opinion et ses conseils. Mais quand le Roi se suffit à lui-même, et parle comme Roi, c'est véritablement à des sujets qu'il s'est adressé, ou plutôt qu'il a commandé. Il ne doit alors trouver en eux qu'obéissance, que dévouement. Dans ce cas, le mécontentement et les reproches sont un crime; car il est encore français et constitutionnel ce vieux adage de nos preux devanciers : « Le Roi ne se trompe jamais. »

Ces principes incontestables doivent s'appliquer surtout au droit du Roi de déclarer la guerre, droit que Mirabeau, l'oracle du libéralisme, reconnut être beaucoup plus étendu en Angleterre qu'en France, droit qui excita les premières fureurs de la révolution naissante, droit dont la tyrannie seule a abusé, droit enfin que la restauration a rendu dans toute sa plénitude à la monarchie légitime, parce que en paix comme en guerre, le Roi, chef de l'Etat, doit jouir d'une autorité sans partage vis-à-vis des autres nations, parce que le Roi de France, qui est en même temps père de ses sujets, ne les exposera jamais aux chances des combats que quand le devoir et l'honneur l'auront commandé.

Cependant, lisez ce qu'ont dit et ce que disent encore les journaux libéraux. Que devrez-vous en conclure? d'après eux, nos Rois, même depuis la restauration, n'ont usé du droit de faire la guerre que pour la honte ou le malheur de la nation. Si ces journaux n'ont pas encore osé combattre directement cette prérogative, c'est qu'ils ne veulent pas se trahir par une précipitation indiscrète, c'est qu'ils préfèrent, sous un masque trompeur, déchirer la Constitution par lambeaux, et ruiner les principes, en minant sourdement toutes leurs conséquences.

Or, trois occasions seulement se sont présentées pour nous de prendre les armes : la première en faveur de la royauté captive et d'un peuple victime de la rébellion; la seconde en faveur de la liberté et de l'humanité, méconnues par une nation bar-

bare; la troisième pour venger nos droits compromis, l'honneur de notre pavillon insulté, et jusqu'aux représentans du Roi, indignement outragés par les forbans d'Afrique. Dans ces trois circonstances, d'une nature bien différente, le Roi, en faisant intervenir nos armes, n'a jamais échappé aux reproches et au mécontentement du libéralisme.

Je conviens d'abord qu'il était difficile à Louis XVIII de le satisfaire, quand ce Roi, d'auguste mémoire, usa de son droit pour envoyer un fils de France au secours d'un peuple en proie à la rage et à la démence de quelques factieux, pour rendre aux lois du pays leur vigueur, à l'autorité légitime sa puissance, pour renverser un fantastique gouvernement et sa législation, ridicule et funeste plagiat de toutes les folies de notre révolution, pour tirer des fers un roi renversé de son trône, et replacer la couronne des Espagnes sur une tête déjà vouée sans doute à l'échafaud régicide.

N'est-ce pas là l'esquisse fidèle des importans résultats de la guerre de 1823? Mais on se souvient aussi de l'indignation avec laquelle les libéraux l'accueillirent et la suivirent pendant toute sa durée. N'ont-ils pas attaqué l'honneur qui en revient à nos guerriers, en refusant d'attribuer nos succès à leur bravoure? Ne cherchent-ils pas encore à flétrir jusqu'au souvenir de cette guerre, en la présentant toujours comme inconstitutionnelle, lorsque dans ce grand évènement il n'y a d'inconstitutionnel, par rapport à elle, que leurs censures et leurs blâmes; comme ayant été trop onéreuse pour le pays, quand il est vrai de dire que bientôt il ne restera d'autre dette à l'Espagne, vis-à-vis de nous, que son éternelle reconnaissance; enfin comme étant sans nul mérite, sans nulle gloire pour notre armée, quand le burin de l'histoire en a déjà fait un monument d'immortalité pour elle et pour son illustre généralissime?

L'intervention des armées du Roi en

Grèce fut déclarée dans le traité du 6 juillet. J'avais moi aussi appelé de tous mes vœux cette intervention, dont je m'étais efforcé de montrer l'importance; et comme mon opinion à ce sujet était encore sous presse, le traité du 6 juillet fut publié. Frappé d'une part de ses principales dispositions, qui allaient devenir si salutaires à la Grèce, et, d'un autre côté, de l'interprétation calomnieuse que leur donnait le libéralisme, qui n'a jamais été Grec que pour lui-même, je crus devoir ajouter à mon faible essai la note suivante :

« Au moment où je livre cet écrit à l'im-
« pression, les journaux nous font connaî-
« tre le traité conclu entre trois grandes
« puissances, pour mettre fin à l'oppression
« des Grecs. Ainsi le vœu de l'humanité a
« retenti dans les cours européennes. Hon-
« neur aux monarques dont les magnanimes
« desseins vont arrêter les flots de sang chré-
« tien! honneur surtout au roi, chevalier
« qui, en associant son nom à une sainte

« entreprise, a fait tressaillir dans leur « tombe les preux de nos croisades!

« Mais la circonstance est pressante : il « me semble entendre déjà le dernier sou- « pir des Grecs expirant sous les derniers « efforts des Turcs. Que les trois nations « coalisées se hâtent donc de les prévenir; « et dans cette incertitude, je ne puis qu'ap- « plaudir à l'intention commune qu'elles « viennent de manifester enfin.

« En deux mots, pour ce qui concerne « ce traité, je m'arrête moins à de trom- « peuses alarmes qu'à cette noble espérance « qui va au-devant des projets généreux et « sait les interpréter grandement. Dans la « cause des Grecs, l'humanité parle trop « au-dessus de la politique, pour que nous « repoussions un mode d'intervention qui « d'abord satisfait à l'humanité : pourquoi « ne croirions-nous pas que bientôt, et par « des modifications successives, si elles sont « jugées nécessaires, le traité des trois « puissances finira par satisfaire également « à toutes les exigences de la politique? »

Qu'est-il arrivé, en effet? La France prend presque sur elle la responsabilité du traité et du succès de son exécution; des forces imposantes sont envoyées par elle sur une terre dépeuplée, couverte de ruines, et déjà l'ennemi épouvanté a disparu : tremblant encore au seul souvenir de sa défaite navale, et pour ne pas joncher la terre de ses cadavres, comme il en avait couvert le golfe de Navarin, il évacue à la hâte le territoire grec. La France, en un mot, n'a qu'à montrer ses forces et sa résolution; la Turquie est soumise, et la Grèce est sauvée.

Cependant, nos légions pénètrent et s'établissent dans ce beau pays, berceau de la civilisation européenne. Mais nos armes ayant été déjà rendues inutiles par leurs succès inattendus, à défaut d'exploits militaires, l'expédition française sait également se faire admirer par ses bienfaits. Ainsi qu'on voit un aliment salutaire ranimer un corps presque sans vie, de même nos braves se répandent dans la nation grecque, consolant toutes les douleurs, calmant toutes les inquiétudes, conciliant tous les intérêts, propageant, enseignant ces sublimes sentimens que nourrissent des cœurs français, faisant naître partout l'espérance et la joie, jusqu'alors inconnues, partout rouvrant à la lumière, des yeux que voilait déjà le bandeau de la mort, ou rendant à la liberté des hommes ensevelis dès leur naissance dans la tombe de l'esclavage. . . . .

L'ordre commence à s'établir chez un peuple qui, toujours accablé et jamais vaincu, ne trouvait sa force que dans l'indépendance de chaque individu, employant, pour la conserver, jusqu'aux derniers efforts du courage; mais en même temps cette indépendance, sans autorité légitimement organisée pour la diriger ou la restreindre, ne connaissait souvent d'autre mobile que le caprice ou les passions. De là ces haines furieuses entre les familles, ces rivalités sanglantes entre les diverses peuplades, portant partout le désordre et le carnage; de là les séditions intestines, les révoltes à main armée contre tout ce qui s'appelait *autorité*, et n'en pouvait avoir que l'apparence.

De si graves abus, les Français les ont réformés; par eux des idées et des principes de discipline militaire ont été donnés à ces guerriers généreux, qui n'avaient jamais encore connu et pratiqué du métier de la guerre que l'acharnement de la défense; par eux et leur puissant secours les châteaux-forts tombant en ruines, les murailles des villes et des édifices renversées, ont été promptement relevés, et l'aspect imposant de la Grèce a déjà succédé au spectacle déchirant de ses désastres; par eux des cités insalubres, où les maladies contagieuses moissonnaient chaque jour des victimes sans nombre, ont été rendues à une atmosphère plus saine, et la vie des habitans a échappé en même temps à la férocité musulmane et aux ravages d'un climat pestilentiel; par eux des lois pleines de sagesse ont été mises en vigueur, et les douces occupations du commerce et de l'industrie exercent déjà leur salutaire influence. Enfin, l'expédition française n'a quitté la Grèce qu'après s'être fait représenter par un gouvernement qu'elle y a raffermi, et après avoir presqu'achevé le grand œuvre de sa régénération, qu'accomplira sans doute le souverain auquel l'Europe confiera de si hautes destinées.

Tels sont les effets presque miraculeux du traité du 6 juillet, pour la part que nous devions y prendre. Cependant les libéraux le désapprouvèrent hautement, et semblèrent même le vouer aux malédictions des peuples. Par-là même donc, tout en paraissant s'intéresser à la cause des Grecs, ils en redoutaient le succès, tel qu'il a été obtenu, à la fois glorieux et sans sacrifice pour l'Etat; car ce succès pouvait déjà être prévu; et si on ne le prévoyait pas, au moins ne fallait-il pas prodiguer prématurément le blâme et les reproches que les évènemens pouvaient sitôt démentir, que l'honneur et le patriotisme devaient interdire à des Français.

Loin de là, les libéraux accusèrent le traité d'être le contrepied des seuls moyens qu'il convenait d'employer pour sauver la Grèce. Par une improbation aussi manifeste, ils ont donc pris sur eux la responsabilité de tous les nouveaux malheurs qui seraient survenus à ce pays, si le traité n'avait pas été exécuté, et de tous ceux encore qui auraient sans doute affligé l'Europe entière.

D'après les vues intéressées et les insinuations alors bien évidentes du libéralisme, nous devions follement et sans précaution nous engager dans une guerre d'extermination avec les Turcs. Mais cette guerre aurait infailliblement troublé notre concorde avec les autres nations, et allumé entre elles et nous un vaste incendie, dont le résultat le plus probable eût été le bouleversement de la société et le triomphe de la révolution.

Soit en ce moment que le libéralisme

ne voie dans l'expédition d'Alger qu'une occasion d'aguerrir nos soldats, afin de les mieux disposer à arrêter un jour le débordement révolutionnaire; soit qu'elle doive encore avoir cela de fâcheux pour lui, qu'à mesure que la bravoure reprendra son empire en France, le journalisme libéral perdra le sien; soit que ce journalisme, ardent à censurer toute guerre déclarée par le Roi, ne veuille avoir égard pour juger celle-ci, ni à la justice de ses motifs, ni aux chances heureuses du résultat; toujours est-il que ses colonnes sont remplies d'attaques et de murmures contre l'expédition prochaine.

Cette expédition, dit-on, est injuste, impolitique et dangereuse. Il me suffit de répondre que Louis XIV ne trouva ni impolitique ni injuste de châtier des barbares audacieux et d'infâmes pirates. Alger fut bombardé, le dey fut soumis. Quant aux dangers, la valeur en triompha; l'histoire les passe sous silence. Des écrivains qui, avant le combat, auraient essayé de semer la terreur et le découragement dans les armées de Louis XIV, n'auraient pas été dignes de son siècle ; mais aussi la licence des journaux et leur folle ambition de gouverner l'Etat n'ont jamais imprimé de tache à ce siècle fameux.

Quand on demanda à Louis XIV, après la mort de son premier ministre, à qui on s'adresserait pour les affaires, il répondit *à moi.* C'est cette autorité du Roi, si nécessaire en France, que la presse libérale prétend déplacer et faire résider tout entière en elle-même. Ainsi, pour arriver à ce but, nous venons de voir qu'elle viole la Constitution dans tout ce qui touche au pouvoir royal.

Pour en donner une dernière preuve, n'est-il pas temps enfin de parler de l'article 14, quant au droit qu'il donne au Roi de faire les ordonnances pour la sûreté de l'Etat ? Pourquoi le libéralisme en fait-il le sujet de ses déclamations les plus exagérées, le motif de ses insinuations les plus perfides, et le prétexte de ses manœuvres les plus coupables? Pourquoi, argumentant témérairement contre la royauté de l'exercice incertain d'un droit positif, l'accuse-t-il sans cesse de méditer ce qu'il appelle des *coups d'Etat?* Pourquoi engage-t-il le peuple à se prémunir contre eux? Il fait plus encore : il organise ouvertement un plan de résistance; et c'est ainsi que, pour éviter le remède, il semble lui-même prendre plaisir à créer le mal.

Ou le libéralisme refuse au Roi le pouvoir de faire les ordonnances pour la sûreté de l'Etat, et il renie ainsi le pacte fondamental qui le concède; ou bien refusant moins à la Charte le sens véritable de ses articles qu'au Roi la confiance publique, le libéralisme le renie-t-il ainsi comme chef de l'Etat. Car en cette qualité, il aurait droit au moins qu'on attendît avec respect ses décisions constitutionnelles, pour les juger avec justice, avant de les prévenir par des interprétations perfides ou calomnieuses.

Mais pourquoi, d'ailleurs, réveiller dans

la Charte ce que les évènemens, il faut le désirer, ne réaliseront pas sans doute. Burke dit, dans ses *Réflexions sur la révolution de France :* « Je n'ai jamais aimé ces « entretiens perpétuels sur la résistance et « sur les révolutions, ni cette manière de « faire son pain quotidien de ces remèdes « extrêmes de la Constitution; cela rend « la complexion de la société dangereuse- « ment valétudinaire; c'est comme si l'on « prenait périodiquement des doses de su- « blimé corrosif, et comme si l'on avalait « de fréquens breuvages de cantharides « pour se provoquer à l'amour de la li- « berté. » Serait-ce donc pour paralyser d'avance l'autorité souveraine dont parle l'article 14, que le libéralisme continuerait d'organiser un plan de résistance qui semble préparer une véritable rébellion? Mais dans ce cas, pour prouver combien le remède est mauvais, je lui opposerai encore ces mots de l'auteur que je viens de citer : « Les rois deviendront tyrans par « politique, lorsque les sujets seront re-

« belles par principes. » Que le libéralisme donc, par intérêt pour lui-même, commence à mieux respecter, dans la Constitution, les droits qu'elle garantit à la couronne. »

Mais ici se présente naturellement un autre grief, qui doit paraître le plus grave, et qui est en effet le plus important par son objet. La Charte, dans son article 6, dit que la religion catholique est la religion de l'Etat; mais pour faire remarquer qu'elle lui donne une attention spéciale, après avoir établi dans l'article 5 la libre profession de toutes les religions, et l'égale protection qui leur doit être accordée, elle ajoute aussitôt, comme par exception à ce principe, une disposition importante. Cette disposition, c'est l'article 6; duquel il résulte clairement que l'Etat ne souffre dans son sein l'exercice des autres religions que par tolérance; tandis que c'est par conviction de sa supériorité, par besoin de ses maximes et de son culte, qu'il reconnaît devoir entretenir et honorer la religion catholique.

La combinaison de ces deux articles, qui forment toute notre législation sur cette matière, prouve donc incontestablement que la Constitution a d'avance autorisé et encouragé tout ce qui doit favoriser, fortifier notre religion, et réprouve, au contraire, tout ce qui, tendant à la déconsidérer, à l'affaiblir et à la perdre, ôterait ainsi à l'Etat une des premières bases que la Charte lui a elle-même données.

Or, c'est là le but du journalisme libéral. Quelques-uns de ces anciens ordres religieux, jadis si utiles à la prospérité du catholicisme en France, ont-ils, de nos jours, essayé de s'y rétablir; sans vénération pour leur caractère, sans égard pour les services nouveaux que ces ordres étaient encore à même de rendre au pays, le journalisme libéral, à leur première apparition, lance contre eux ses foudres; il prétexte, pour les anéantir, des prohibitions que la Charte réprouve par son silence; et au nom d'une législation qu'il dénature, en lui prêtant toujours, selon ses desseins, des rigueurs ou des faiblesses, il n'en parvient pas moins à empêcher l'érection de pieux établissemens, destinés surtout à l'enseignement de la religion.

C'est à ce titre qu'il a voué toute sa haine à une société célèbre, dont les services et la gloire sont attestés par les siècles et par le monde entier; dont les fautes imaginaires, toujours présentées par la haine des partis, sont contestées ou mises en doute par l'impartialité de l'histoire.

Ainsi, rien de plus désirable pour l'enseignement de la religion, de la bonne morale, et même de toutes les connaissances humaines, que le rétablissement d'une institution religieuse qui ajouterait, au mérite de sa propre supériorité, l'immense avantage de faire naître la plus noble émulation dans toutes les autres écoles du royaume.

Mais écoutez les libéraux; d'après eux, le rétablissement des jésuites serait contraire aux intérêts de la France. Quoi! ils seraient dangereux pour nous, ces hommes qui n'ont jamais cherché au contraire, par leurs utiles services, qu'à accroître l'honneur des rois et la prospérité des peuples ? ces hommes de qui Henri IV a dit : « Ils n'ont été en France « jusqu'à présent; Dieu me réserve cette « gloire, que je tiens à grâce de les y éta- « blir? » ces hommes à qui Louis XIV permit de donner son nom à l'un de leurs colléges, en disant : « Qu'il cherchait à fa- « voriser les soins qu'ils prennent de la « jeunesse pour lui apprendre ses vérita- « bles obligations envers Dieu et envers « ceux qui sont préposés pour gouverner « les peuples? » Elle serait dangereuse pour nous, cette société que Ferdinand II, empereur d'Autriche, « recommanda avant « tout et sérieusement à ses enfans, non « seulement par attachement pour elle, « mais surtout encore à cause de sa doc- « trine? » cette société dont le grand Frédéric « tenait à honneur de conser- « ver la précieuse graine dans ses Etats, « pour y cultiver une plante si rare ? »

cette société dont le dauphin, père de Louis XVI, rendit ce témoignage remarquable : « Je déclare que ni en hon-« neur, ni en conscience, je ne puis opi-« ner pour l'extinction de cette société « d'hommes précieux, aussi utile au main-« tien de la religion parmi nous, que né-« cessaire à l'éducation de la jeunesse? »

Cependant, reprend le libéralisme, les jésuites ont plusieurs fois été chassés de la France par des décrets de ses rois. Mais, novateurs du siècle, souvenez-vous que, d'après les doctes leçons de votre révolution, vous nous avez enseigné souvent que, jusqu'à cette fameuse époque, les rois de France et leurs gouvernemens, sans en excepter même celui de Louis XIV, avaient tenu notre nation dans une sorte d'état d'enfance et de captivité honteuse. Tous leurs actes, jusque là, avaient été, d'après vous, ou ridicules ou tyranniques. Pourquoi donc invoquez-vous ceux qui furent contraires aux jésuites?

Les jésuites, dites-vous, ont été souvent

supprimés et renvoyés. Mais quelle en a été presque toujours la principale cause? Ne pourrait-on pas dire que ce fut leur supériorité dans l'éducation et l'enseignement, qui excita presque toujours la rivalité, et partant les représailles de l'Université? Charlemagne, très-zélé pour l'encouragement de l'instruction de la jeunesse dans son royaume, parcourait souvent les écoles, et interrogeait lui-même les élèves, pour connaître leur talent et encourager leurs efforts. Quand il était content de leurs succès : « Etudiez, s'écriait-il, appli-« quez-vous, rendez-vous habiles; je vous « donnerai des évêchés, de riches abbayes, « et il ne se passera pas un moment où je « ne m'empresse de vous témoigner mon « estime. » Un jour, les élèves d'un collége ayant fort mal répondu à l'examen qu'il leur fit subir : « Parce que vous êtes riches, « leur dit-il avec grande colère, que vous « êtes fils des premiers de mon royaume, « vous croyez que votre naissance et vos « richesses vous suffiront; que vous n'avez

« pas besoin de ces études qui vous feraient « tant d'honneur : vous vous complaisez « dans une vie délicate et efféminée, vous « ne songez qu'à la parure, au jeu et au « plaisir. Mais, j'en jure par le Dieu qui « m'entend, je ne fais aucun cas de cette « noblesse, de ces richesses qui vous atti- « rent de la considération; et si vous ne répa- « rez pas au plus tôt par des études assidues « le temps que vous avez perdu en frivo- « lités, jamais, non jamais vous n'obtien- « drez rien de Charles. » Par ces paroles, Charlemagne posa donc en principe que deux choses étaient, d'après lui, principalement nécessaires à la France, une noblesse distinguée, surtout par ses talens; en second lieu, un système d'éducation dont la perfection dût conduire sûrement à ce grand et précieux résultat. Ce double effet des vastes et lumineux projets de Charles-le-Grand, les jésuites semblèrent le réaliser dès leur apparition en France. Leurs colléges se remplirent au moment même de leur établissement. On y envoyait avec une préférence et un empressement remarquables, la jeunesse du rang le plus élevé; et celle-là ne cherchait pas moins que la jeunesse des autres classes, à se distinguer par ses succès. Comme en outre les constitutions des jésuites étaient merveilleusement propres à prévenir ou réprimer tous les abus ordinaires des écoles, que Charlemagne lui-même avait si bien signalés à l'attention publique, ce fut à ces titres d'abord que la société de Jésus acquit en France une vogue générale; mais cette haute renommée qu'elle devait toujours conserver, ne put la garantir de la vive opposition que l'Université suscita bientôt contre ses travaux et ses succès.

D'un autre côté, cette société se montra toujours la plus ardente dans tous nos troubles de religion, pour le maintien et le triomphe du catholicisme en France. Ainsi les jésuites eurent contre eux dans l'Etat un corps puissant, et près du trône de redoutables adversaires.

Comme alors il fallut successivement

des prétextes contre eux pour obtenir leur suppression, tantôt on allégua leur trop grand attachement au pape, tantôt des actes et des maximes dangereuses à nos Rois. Ainsi furent-ils expulsés sous Henri II et sous Henri IV; ils le furent encore sous Louis XV; mais ici le dauphin, père de Louis XVI, dont nous avons déjà invoqué le témoignage, nous apprend lui-même que dans le conseil qui, malgré ses propres efforts, prononça cette expulsion, « la passion des oppres-« seurs devint le crime des opprimés. » Ainsi, quoique le plus juré des antagonistes de la société de Jésus, quoique la Chalotais ait présenté ses constitutions « comme un colosse redoutable, « qui de ses bras embrassait les deux mon-« des et affectait l'empire de l'univers, » à travers cette éloquence, véritable épouvantail politique, la vérité cependant a pu se faire jour, et l'histoire dit elle-même que les jésuites furent à cette époque les victimes de la vengeance et de l'ingratitude, de quelques puissans ennemis.

Enfin, après la restauration, les jésuites ont reparu sur le sol français. Désignés moins par un nom qu'on ignorait encore, que par le rare mérite de leur méthode d'éducation, à ce seul caractère on s'empressait de les reconnaître, on s'applaudissait de les retrouver; et déjà, entourés de l'élite de la jeunesse française, ils jouissaient au milieu d'elle de l'unique bonheur auquel ils aspiraient, celui d'enseigner les vertus et les sciences. Mais le libéralisme avait déjà entrepris de les renverser. Ne devait-on pas redouter en effet les services que ces hommes de bien rendaient au pays, cette éducation paternelle qui faisait la consolation des familles et l'espoir de l'État, cette génération même déjà presque toute entière instruite à la plus parfaite des écoles? Confondant aussi dans les mêmes accusations, les jésuites actuels avec leurs prédécesseurs, le libéralisme se montrait uniquement jaloux d'opposer aux bienfaits et aux services incontestables de ceux-ci, des inventions faussement attribuées aux autres, et protégées par la nuit des temps.

C'est ainsi que certains journaux faisaient à plaisir, de la société de Jésus, un fantôme de tyrannie religieuse, qu'ils présentaient sans cesse à l'effroi des peuples, pour leur apprendre à détester la religion, et à renverser ses protecteurs; mais n'est-ce pas de même que, pour faire haïr les meilleurs des rois, ils ne parlent jamais que des dangers d'un despotisme imaginaire?

Cependant, en vain prétendaient-ils effrayer le gouvernement, en le menaçant des envahissemens politiques des jésuites. Le gouvernement savait qu'inoffensifs et propres seulement à faire le bien, on n'avait que du bien à recevoir d'eux, et point de périls à redouter. Les jésuites, en effet, continuaient de répandre leurs bienfaits avec profusion : partout les ministres de l'Eglise recevant une nouvelle force, les prédications et les cérémonies ecclésiastiques un nouvel éclat et une nouvelle pompe ; la société toute entière se ressentant de la douce influence que la compagnie de Jésus étendait jusqu'à elle ; tels étaient les actes qui la faisaient bénir par les âmes pieuses, et chérir par les cœurs français.

Mais l'Université, criaient les libéraux avec une sorte de rage, est seule autorisée par les lois ; partager ses travaux, c'est la perdre. Nous ne voulons donc pas d'autre corps enseignant qu'elle seule. Ainsi, les Juifs terminèrent-ils le grand procès de l'homme-Dieu, en disant : *Nous ne voulons pas d'autre roi que César.* Malgré cette impie exclamation et ces funestes résultats, César continua d'être roi des Romains, et Jésus ressuscité fut bientôt adoré comme le Dieu de l'univers. Que l'Université reste donc à la hauteur où elle s'est placée, où il convient qu'elle soit maintenue ; mais elle ne voudrait pas elle-même se dire un obstacle au rétablissement d'un corps enseignant qui ne peut qu'augmenter sa propre gloire, en introduisant avec elle une lutte généreuse de mérite et de succès.

Les jésuites, ajoute le libéralisme, ne sont-ils pas contraires à nos institutions? Car, relevant presqu'immédiatement du pape, et plus immédiatement encore d'un autre chef étranger qui s'appelle leur *général*, ils doivent être considérés comme des étrangers, dont les doctrines, souvent anti-patriotiques, pourraient être dangereuses à propager dans le pays. D'abord, la société ne maintient en France que des jésuites français. De plus, toutes ces suppositions, qui sont accréditées par la mauvaise foi, n'auraient quelque fondement que si les jésuites entraient sur notre territoire, à la condition de s'y affranchir de toute obéissance. Mais dès qu'ils pénètrent dans le royaume, et s'y établissent, ils sont, comme tous les Français, obligés de se conformer à ses lois. Jésuites pour eux seuls, ils ne sont, aux yeux de la France, que des instituteurs zélés pour l'honneur de la religion et le bien de l'éducation; et si, loin de là, ils travaillaient contre les intérêts du pays, ils se rendraient coupables d'un crime, et ce crime, ce seraient les lois françaises qui le puniraient.

La France, terre hospitalière, accueille et protége tout ce qui se présente à elle; il n'est pas de capacité que ses lois et ses usages ne puissent faire servir au bien de l'Etat. Toujours bienfaitrice, elle doit accueillir les bienfaits avec empressement et reconnaissance. Sa Constitution même, aujourd'hui, ne peut priver de la liberté de faire le bien que ceux-là qui ont abusé du pouvoir de mal faire.

Moins sans doute pour céder aux clameurs factieuses du libéralisme que pour préparer un meilleur ordre de choses, le gouvernement du Roi, il y a peu de temps encore, a prononcé contre les jésuites, à l'égard de l'enseignement, une exclusion qui, nous l'espérons, ne sera pas de longue durée. L'empêchement qui les frappe, n'accuse en effet rien autre chose en France que la législation qui ne les a pas encore formellement reconnus et autorisés.

Mais enfin, pour effacer jusqu'à l'apparence des titres qui leur sont contraires, il fallait que les jésuites suspendissent leurs utiles travaux, en attendant que la loi vienne elle-même un jour réclamer leur participation directe à la gloire littéraire et religieuse de la France.

Dans une circonstance à peu près pareille, Henri IV, discutant encore son projet de rétablir les jésuites, dit ces mots remarquables : « Les jésuites n'étaient en « France que par *provision* : ils y seront « désormais par édit et par arrêt. La volonté « de mes prédécesseurs les y retenait, ma « volonté est de les y établir. » Ainsi Charles X, en suspendant l'enseignement de la société de Jésus, n'aura fait en cela sans doute, selon ses desseins, toujours généreux, que les disposer à recevoir dans la patrie une condition d'existence meilleure, encore plus indépendante, et désormais à l'abri des atteintes d'un perfide ennemi.

Les libéraux parlent de liberté; mais ils ne veulent pas d'une liberté qui puisse profiter au bien de la religion; et cependant les jésuites, pour participer à l'enseignement public, ne peuvent-ils pas invoquer ce principe, qui, établissant la liberté des cultes, semble consacrer par-là même la liberté de l'instruction? Ne peuvent-ils pas invoquer l'exemple de l'Angleterre elle-même, modèle des pays libres, professant une religion dont les jésuites ont toujours été les plus terribles ennemis, et où ces jésuites eux-mêmes cependant sont non seulement tolérés, mais même soutenus et encouragés? Henri IV disait encore des jésuites: « Si l'Espagnol s'en est servi, « pourquoi ne s'en servira pas la France? » De même aujourd'hui, nous, que le libéralisme prétend traîner à la suite de l'Angleterre, pourquoi, bien indignes de l'orgueil national du *roi vaillant*, repousserions-nous une association de religieux dont le mérite est si avidement recherché d'une nation notre rivale?

Qu'il était beau de voir chaque jour de nombreux élèves, nourris pendant plusieurs années de la double émulation des sciences et de la vertu, se répandre successivement dans la société, s'y élever à des postes importans, et promettre les uns à l'ordre social d'habiles défenseurs, et les autres au bon goût et à la littérature française en décadence, de meilleurs interprètes et une meilleure direction!

La plupart des grands hommes qui ont illustré nos plus beaux siècles littéraires étaient, on le sait, élèves des jésuites. La plupart des écrivains qui entraînent aujourd'hui les lettres à leur ruine, ont fait leurs études et pris leurs inspirations dans le lycée révolutionnaire. Etait-ce trop, pour résister à cette corruption des lettres sans cesse croissante, de lui opposer une génération nouvelle, instruite à la meilleure des écoles?

La première éducation ayant été considérée pendant long-temps, en France, comme une préparation à la vie licencieuse et turbulente des camps, les familles s'étaient accoutumées à voir partir leurs enfans avec un effroi presqu'égal, les uns pour aller se précipiter au milieu des combats, les autres pour aller se confiner dans les colléges. Etait-ce trop, pour rassurer la confiance des pères de famille et encourager l'enseignement public, si précieux à la jeunesse, de rouvrir ces écoles bienfaisantes où l'esprit était laborieusement cultivé, et l'innocence la plus pure à l'abri de toute atteinte; où la renommée même avait appris que le zèle de la surveillance allait jusqu'au sacrifice de la vie; où les conseils d'une douce piété suppléaient presque toujours aux rigueurs et à l'infamie des châtimens; où l'athée révolutionnaire lui-même envoyait ses fils apprendre à aimer leur Dieu et leur Roi, parce qu'il voulait après tout ménager à ses ordres paternels la soumission, à ses cheveux blancs le respect, et à ses derniers jours toutes les consolations de la vie domestique?

L'importance du libre enseignement des jésuites étant ainsi démontrée pour nous, elle explique et accuse en même temps la haine que les libéraux leur portent, et les efforts qu'ils n'ont cessé d'employer contre cette société. Mais leurs doctrines et leurs actes sont-ils, sous d'autres rapports, mieux en harmonie avec les intérêts de la religion de l'Etat? Au contraire, le journalisme libéral se fait une espèce de devoir de déconsidérer la religion. Tantôt, au moyen des plus calomnieuses insinuations, il s'efforce de jeter sur les ministres de l'Eglise la honte de la dépravation morale; et pour rompre jusqu'au dernier lien qui doit les attacher au peuple, il les lui présente comme les plus irréconciliables ennemis de ses libertés; tantôt il verse le ridicule sur les cérémonies religieuses, tantôt il avilit les pratiques et les inspirations de la plus pure piété; et, à cet égard même, les plus augustes exemples n'échappent pas à ses indécentes censures.

Car elle est récente, cette attaque dirigée par un journal contre une œuvre à la fois de la plus tendre dévotion et de la plus généreuse charité, qui a pour instrument l'innocence du jeune âge, pour patron un des plus grands saints, pour protecteur l'enfant du miracle [1]; mais elle est plus récente encore cette autre attaque qui s'adresse aussi, par l'organe d'une feuille libérale, au monarque lui-même, pour lui reprocher, comme perdu pour son royaume, un temps qu'un roi peut, ce me semble, employer sans crainte à la prière et au recueillement, quand un Dieu l'a consacré à ses douleurs et à sa mort [2].

[1] L'œuvre de Saint-Joseph, présidée par S. A. R. Mgr le duc de Bordeaux.

[2] Semaine sainte. Voyez une lettre insérée dans *la France nouvelle* du 11 avril.

. Elles sont enfin toutes nouvelles, ces critiques scandaleuses qui ont souillé les colonnes du *Constitutionnel* et de plusieurs de ses satellites, à l'occasion des honneurs rendus aux restes vénérés d'un grand homme, de Vincent de Paule, dont on avait cru jusqu'ici le nom, les vertus, et les bienfaits également sanctifiés par l'Eglise, immortalisés par la philanthropie humaine, et, sous ce double titre, garantis à jamais des sarcasmes injurieux de l'impiété, ou des attaques furibondes de l'esprit novateur.

Le journalisme libéral affaiblit la religion, et s'efforce de la perdre, en affectant toujours de mettre ses dogmes en opposition manifeste avec l'esprit de nos institutions; en ne rappelant les malheurs qui ont ensanglanté notre histoire ou celle des autres peuples, que pour en accuser souvent les suggestions pernicieuses des défenseurs nés de cette religion; en ne provoquant contre elle que des mesures de répression, qui insultent à la divinité de son caractère, à la pureté de ses intentions et à la sainteté de ses travaux; en exigeant en quelque sorte qu'on ôte au clergé jusqu'à l'aisance nécessaire au soulagement de l'indigence, partie la plus noble de sa mission apostolique, et seul privilége qui assure encore son influence sur les peuples; en dénonçant injustement et sans cause, à la sévérité des lois humaines, les sages décisions de nos supérieurs ecclésiastiques; en signalant comme des tentatives criminelles, ces missions si utiles au milieu de nous pour la conservation de la foi, si merveilleuses dans leurs conquêtes lointaines; en demandant que les prêtres catholiques soient partout restreints en autorité et en nombre, supprimés même dans l'armée, sous prétexte d'inutilité; parce que, dans le vrai, si l'armée, abandonnée de la religion, lui devient infidèle, alors la révolution répondra plus sûrement de son triomphe simultané sur la royauté et sur la religion.

La Constitution, je le demande, n'est-elle donc pas compromise quand on ébranle aussi fortement ses garanties? Mais pour parler des attaques directes que soulève contre elle la licence de la presse, n'ai-je pas à signaler ici ce comité directeur dont elle est le principe, l'organe et le soutien?

Sully disait à Henri IV, à propos d'une sorte de faction qui s'était organisée dans l'assemblée des Etats : « Gardez-vous de « traiter avec vos ennemis en les unis-« sant, ni de leur donner à poursuivre de « communs intérêts qui puissent les lier, « leur donner une tête, des bras et des « jambes, pour les faire agir et aller d'un « même branle. » Ne puis-je pas de même, en parlant à la France de ce comité directeur ennemi de sa Constitution, ne puis-je pas dire que la liberté illimitée de la presse fait toute sa force? que par elle s'établit l'accord nécessaire aux projets et aux opérations de cette institution offensante pour nos lois, menaçante pour le trône et nos libertés? que par elle les divers agens du comité directeur entretiennent, resserrent entre eux cette union, cette intelligence qui chaque jour leur donnent un accroissement nouveau de pouvoir et de succès?

Car je ne souleverai pas ici la question, résolue même à la tribune, de savoir si le comité directeur existe réellement en France, puisqu'il est également dans mon sujet d'établir que la licence de la presse est le comité directeur lui-même : c'est, en effet, par le secours de cette licence que les manœuvres les plus coupables sont essayées sans cesse contre le gouvernement constitutionnel, que les électeurs sont privés de la liberté de leur vote, ou par les promesses faites à l'ambition, ou par les menaces adressées à la timidité, ou par les obligations imposées à la docile bonne foi; c'est par l'effet du journalisme libéral ou du comité directeur, que des difficultés injustes et illégales sont soulevées contre les électeurs royalistes, pour décourager leur zèle, quand on ne peut pas trafiquer de leur conscience; que s'établissent ces cabinets de consultations prétendues gratuites en matière d'élections, serviles instrumens de la faction qui les stipendie; que se forment, dans les cantons, dans les villages, jusque dans les champs mêmes, ces assemblées, vrais marchés de politique libérale, où se promettent, se vendent et se publient des votes dont l'urne constitutionnelle ne pourra plus protéger le secret; que se réunissent à grand fracas, dans les villes, ces comités qu'on appelle *préparatoires*, dont les résultats, certains même avant l'épreuve, sont annoncés à l'avance, ces comités où viennent se rallier tous les pamphlets que peut inspirer la haine portée au royalisme, et toutes les apologies que prodigue l'esprit de faction au libéralisme révolutionnaire, à l'usurpation ou même au régicide.

Ainsi assemblés, les électeurs s'attribuent à leur gré des droits usurpés, constituent un président, pour éprouver leurs votes par son élection, et élèvent une tribune pour enchaîner leur indépendance par des discours que reproduisent bientôt après les journaux libéraux, afin d'en étendre l'influence à tous ceux qui n'ont encore pu la subir. Ces comités préparatoires, en un mot, en s'attribuant les priviléges et l'action que la Charte accorde seulement aux colléges électoraux, par ses articles 35 et 41, frondent indignement, sous tous les rapports, l'esprit et la lettre de la Constitution.

N'est-ce pas aussi par les manœuvres du comité directeur ou de la presse libérale, que vont s'insinuer, jusque dans la retraite de l'ouvrier et de l'indigent, l'inquiétude et le mécontentement, au sujet de la politique du moment, mot dont ils ignorent même le sens; qu'au grand jour des élections, les villes prennent un aspect sombre et menaçant; que des groupes nombreux se forment aux alentours et sur les avenues des colléges électoraux, comme pour les envahir; que se font entendre, au-dehors et au-dedans de ces colléges, des murmures d'improbation ou d'approbation publique sur tels ou tels candidats, dont il semble que la violence doit obtenir la chute ou le succès; que des promesses ou des menaces parviennent aux électeurs, par des agens salariés, jusque dans les lieux les plus solitaires de ces villes; enfin, qu'on prodigue aux uns les huées, les malédictions et même les outrages populaires, et aux autres les louanges, les actions de grâce et même les ovations séditieuses?

N'est-ce pas par le moyen de la presse libérale que le comité directeur, pour maîtriser la Chambre elle-même, menace de publier les noms et les votes dans telle ou telle circonstance, pour les désigner à la reconnaissance ou à la vindicte publique? N'est-ce pas, enfin, par l'influence du comité directeur que la presse libérale avait commencé à former ces associations illicites, dont tout le mérite consistait à supposer au gouvernement du Roi l'intention du mal, à défaut d'accusations à intenter contre lui; associations perfides qui, une fois organisées au nom de l'impôt, auraient bientôt prétendu gouverner le Roi au nom du peuple?

Mais, d'ailleurs, la presse libérale, non contente d'appuyer le comité directeur, et de se confondre avec lui, fait plus encore que d'avouer son existence; elle défend sa légalité, en soutenant qu'il est important qu'il existe et qu'il exécute précisément tout ce qu'on lui reproche d'illégal et d'inconstitutionnel (5). Or, on sait si le libéralisme aurait balancé à se procurer une institution qu'il déclare lui-même propre à l'exécution de ses desseins.

Oui, il est avéré qu'un comité directeur existe, et qu'aidé de la licence de la presse, il compose, au sein de notre gouvernement représentatif et pour ainsi dire temporaire, un gouvernement permanent et absolu, qui travaille toute l'année contre la Constitution, tandis que les trois pouvoirs réunis ne consacrent eux-mêmes que peu de mois à sa défense et à son développement; un gouvernement qui, par sa seule possibilité, détruit toute idée d'ordre et de Constitution ; un gouvernement occulte, enfin, dont la durée finirait bientôt par anéantir la Charte et la royauté, comme la nuit chasse le jour.

D'après ces preuves affligeantes, plus de doute sur les efforts du libéralisme pour détruire ou changer notre Constitution ; et si c'est par l'organe de ses journaux qu'il y travaille le plus activement, un d'eux aussi, par ses aveux, achèvera de porter sur ce point la conviction dans nos esprits. « En 1820, dit le *Journal du* « *Havre*, rappelons-nous bien que nous « ne voulions pas de la Charte, que nous « attaquions indirectement dans les jour- « naux et dans les brochures ; nous vou- « lions plus, parce qu'alors elle semblait « ne pas nous accorder assez, et que n'é- « tant pas exécutée, elle ne pouvait pas « nous faire apprécier ses bienfaits (6). »

Mais que se passe-t-il en ce moment ? Les échos ne retentissent que de la publication de brochures anti-monarchiques et anti-constitutionnelles. Les journaux malfaisans croissent chaque jour en nombre, chaque jour en audace et en corruption ; tous d'accord sur leur but commun, qui est l'anéantissement de la royauté et de la Charte, ils ne sont d'opinion divergente que sur les moyens de l'opérer, et sur la nature de ses résultats. L'un, pour qui la honte de sa dépravation actuelle s'augmente sans cesse par le souvenir de sa conduite passée, étourdi par ses remords ou fanatisé par les passions, semble avoir jeté sur ses yeux le bandeau politique, et marcher au hasard dans les sentiers périlleux du libéralisme. L'autre, pour ne pas rompre la chaîne des temps, et toujours fidèle à la révolution, appelle son retour, en préconisant invariablement et ses actes et ses théories. Un autre, plus emporté, ne voudrait faire revivre de cette révolution que l'époque désastreuse où le crime et la fureur concoururent également par tous les excès au triomphe de la république. Un autre encore, épousant de préférence la cause de l'usurpateur, ne rappelle que ses bienfaits et ses mérites, n'ennoblit que sa mémoire, prétend même réveiller un amour qui n'exista jamais. Les uns marchent ouvertement à l'anarchie; les autres, moins prompts, mais plus prudens, semblent à loisir, par des doctrines chaque jour plus précises, préparer le double renversement de la dynastie et de la religion. Tous enfin concourent également à égarer les esprits et à aliéner les cœurs. C'est au sein de la plus grande liberté qu'ils crient contre la tyrannie, quand il n'y a de tyrannique que leurs volontés, que les choix qu'ils imposent à la couronne; c'est sous le règne paternel des Bourbons et sous l'empire sacré de la Charte, qu'ils osent presque écrire avec Juvénal lui-même :

Spoliatis arma supersunt.

« Prendre les armes est l'unique ressource des esclaves, » paroles dont ce poëte ne s'est servi que pour flétrir le règne sanguinaire des tyrans romains, paroles qui n'ont jamais trouvé leur application en France sous nos rois légitimes, pas plus aujourd'hui que lorsqu'un révolutionnaire fameux a essayé de les traduire, en établissant que l'*insurrection était le plus saint des devoirs.*

En présence de tous ces effets déplorables de la licence de la presse, licence qui dépasse de beaucoup celle de toutes les époques, on sera forcé de reconnaître avec nous que jamais la Charte ne fut plus menacée, ni plus fortement attaquée. Cette conclusion nécessaire n'est autre chose que l'expression du principe émis dans le discours de la couronne. Mais comme le peu de paroles du Roi sur l'audace et la perfidie du libéralisme, en a plus dit sans doute que n'en diraient après lui des livres entiers, il pourrait paraître inutile ici de continuer un développement encore incomplet par la source intarissable des griefs, mais suffisant, ce me semble, pour fixer sur eux l'indignation et la méfiance de tous les Français.

Quelques reproches isolés, propres plutôt à faire naître le vague du soupçon, qu'à opérer une conviction utile et pressante, paraîtraient dignes seulement de l'esprit intéressé des partis. Mais on a déjà vu qu'il en était bien autrement des accusations qui s'adressent par notre organe au libéralisme; car elles ont dû jusqu'ici présenter à l'attention du lecteur cela de particulier, que dans le cercle où nous les avons renfermées, nous n'avons éludé aucune difficulté, ni ménagé aucun détail. Nous voulions ainsi bien constater que la grande conspiration du libéralisme est également universelle et persévérante dans ses attaques contre tous les élémens de l'ordre de choses existant, que s'il est des mesures à prendre dans l'intérêt ou pour la gloire du pays, elle est la première à les combattre, et que s'il est des moyens à employer ouvertement ou dans l'ombre pour saper les bases de nos institutions, elle ne cesse d'en faire usage.

DEUXIÈME PARTIE.

Il est donc enfin démontré le sens véritable des *insinuations* perfides et des *manœuvres* coupables dont a parlé le Roi; mais il parlait en même temps devant les Chambres assemblées. Il savait que le sombre aspect sous lequel le libéralisme présente la France, que ses attaques contre la dynastie et la Constitution, que l'horreur qu'il essayait de répandre sur les actes du gouvernement, que cette simulation de la nécessité d'une organisation pour le refus de l'impôt, que les déclarations expresses faites par le libéralisme sur l'importance d'une adresse hostile et violente; en un mot, que tous les excès de la presse et les efforts de la révolution devaient avoir un résultat désastreux. C'est ce résultat que le Roi a voulu prévenir, en faisant part à la fois aux Français de ses inquiétudes et de ses résolutions. Cette auguste démarche, digne du loyal caractère de Charles X, ne pouvait avoir de succès auprès de la Chambre élective, puisqu'elle l'a déclaré elle-même. N'a-t-elle pas en effet affirmé que, dans ce moment, les vœux du peuple étaient opposés aux volontés du roi ? C'est un tort que cette Chambre a eu, mais un tort qui fortifie la royauté ; car le Roi, en repoussant l'adresse, qu'on peut appeler à son tour du nom de *déplorable*, n'a fait en cela que constater avec énergie les droits de sa couronne, et couvrir la Constitution de son inviolabilité.

Or, un Roi qui, sans avoir besoin de recourir à l'arbitraire, ne prétend sauver ses prérogatives que d'après l'acte qui constitue celles de son peuple, ne doit avoir d'autre soutien et d'autre vengeur que ce peuple lui-même.

Je le demande donc, quel Français, juste,

impartial, ému d'abord par les promesses et les offres généreuses du Roi, touché des expressions de son sincère amour pour la Charte, ne se sera pas senti saisi d'une indignation profonde, quand, pour prix des bontés royales, il aura vu dans la réponse de ses sujets la protestation d'un attachement sans bornes, et la protestation contraire d'une méfiance sans exemple?

Oui! l'adresse de la Chambre des députés paraît être une preuve manifeste de méfiance envers le Roi. En effet, les ministres, s'il ne s'agissait que d'eux, pouvaient être accusés au nom de la responsabilité dont ils subissent la loi. Mais ce moyen constitutionnel, le libéralisme n'en voulait pas, et il ne tendait à rien moins qu'à faire adopter en France ce principe dangereux, que la volonté des Rois doit être soumise à celle des corps délibérans.

Ainsi, pour obliger en quelque sorte Charles X de se mettre sous la tutelle de la Chambre élective, les journaux n'ont-ils pas rappelé récemment qu'Henri IV lui-même offrit à l'assemblée des notables à Rouen, de se soumettre en tout point à ses décisions? Mais aussi le bon Henri, en ajoutant que « c'était une envie qui ne prenait guère aux rois, aux barbes grises, aux victorieux, » donnait à entendre par-là aux Etats que sa soumission bénévole était un acte de sa volonté royale, propre uniquement à les flatter, mais non à souffrir le moindre abus; et d'abus l'histoire ne fait pas mention.

Dans la même circonstance, Henri IV dit aux Etats, en commençant son discours : « Je ne vous ai point appelés, comme « faisaient mes prédécesseurs, pour vous « faire approuver mes volontés, mais pour « prendre vos conseils. » Certes, Charles X, d'après son cœur et d'après la Charte, pouvait adresser les mêmes paroles aux Chambres. Oui, il les avait convoquées, afin de les consulter sur les mesures à prendre pour accroître le bien et garantir l'honneur du pays; mais lors même que, d'après sa royale volonté, il se fût proposé de leur faire approuver ou improuver le choix de ses ministres, la Charte le lui eût interdit; car c'est elle qui, ayant balancé la mesure d'autorité qui convient à chacun des trois pouvoirs, a placé les uns et les autres dans des limites qu'elle leur interdit de dépasser. La nomination et le maintien des ministres, premiers actes du pouvoir administratif, sont attribués exclusivement au Roi. La Chambre, engageant la royauté à faiblir sur ce point, a donc à la fois porté atteinte aux prérogatives de la royauté et aux dispositions les plus formelles de la Charte.

Qu'est-ce qu'une adresse, en effet, dans notre gouvernement représentatif? L'adresse ne doit être qu'une réponse simple et respectueuse au discours de la couronne; elle doit être, de la part des deux Chambres, le gage simultané du zèle égal qu'elles vont mettre à seconder les vœux du Roi dans l'intérêt du pays. L'adresse de la Chambre des députés (7), au contraire, nie pour ainsi dire, en cette circonstance, tout ce qu'affirme celle de la Chambre des pairs (8), dont on a prétendu braver par-là et l'autorité et l'influence.

M'opposera-t-on que le Roi, dans son discours, s'était plus spécialement adressé à la Chambre élective, en exprimant de vives alarmes sur la situation des affaires, et par conséquent avait entendu inculper d'avance les intentions et les actes de cette Chambre? J'ai prouvé, dans ma première partie, que le discours accusait seulement la licence de la presse : mais de plus, ou la Chambre des députés ne partageait pas les alarmes royales; et dans ce cas elle devait chercher à rassurer le cœur de son Prince, en se bornant à lui exprimer, avec une nouvelle force et une nouvelle sincérité, l'amour et le dévouement de tous ses sujets; ou bien la Chambre partageait ces mêmes alarmes; et alors, avant de contribuer de tout son pouvoir à en dissiper les causes, elle devait, à cette fin, promettre au Roi l'accomplissement le plus scrupuleux de ses devoirs, et non pas prétendre lui enseigner les siens.

Une adresse, en France, ne peut être ce qu'étaient les remontrances des Parlemens ou des Etats-Généraux, qui, n'ayant qu'une part fort indirecte dans le gouvernement de l'Etat, attachaient un grand prix à ce droit de remontrances, et souvent le faisaient dégénérer en abus. Mais nos Chambres, d'après la Charte, partageant avec la couronne le gouvernement de l'Etat, par le vote des lois, l'adresse ne peut être considérée que comme une préparation, une introduction à l'exercice de cette grande prérogative : que si une Chambre veut user de cette prérogative dans tel ou tel sens, elle en est la maîtresse, quand le moment est venu; mais déclarer ce vote, pour ainsi dire, avant qu'il soit demandé; refuser le concours de la prérogative et exprimer ce refus dans un acte même qui lui est tout à fait étranger, c'est déplacer cette prérogative pour l'agrandir; c'est renverser la Constitution elle-même.

S'il n'est pas question de l'adresse dans la Charte; si rien ne règle le mode d'après lequel elle sera débattue et rédigée; si, en un mot, le législateur suprême a gardé, sur ce préliminaire des discussions législatives, un silence absolu, c'est qu'il n'a pu penser que cet acte, purement de forme et de convenances, entrerait un jour en lutte avec la Charte elle-même. Certes, s'il l'avait prévu, pour garantir à la fois cette Charte et l'initiative royale, il se serait hâté de faire rentrer l'adresse des Chambres dans la catégorie des propositions de lois; et la couronne aurait pu ainsi, dans cette circonstance, arrêter à propos un projet d'adresse hostile, et éviter au pays la manifestation d'un premier vote qui blesse à la fois et ses devoirs et ses intérêts.

Loin de là, le libéralisme se flatte d'avoir obtenu l'adoption de cette adresse à une grande majorité, majorité factice, conquise d'abord par les suggestions trop faciles et trop puissantes de la licence de la presse; majorité nulle en soi, et qui est nulle par la force de la Constitution, à l'instant même où elle se met en opposition avec elle.

La faculté de dissoudre la Chambre élective, qui est attribuée à la royauté par la Charte, dans son article 50, n'a été établie que pour leur commune défense, contre les caprices et les vacillations du pouvoir populaire. La royauté se confondant avec la Constitution, est immuable comme elle; l'inconstance en politique, au contraire, étant toute à redouter du côté du peuple, qui doit voir au-dessus de lui une royauté et une Constitution, précisément à cause de son incapacité naturelle de se bien gouverner lui-même, il a fallu que le pouvoir qui le représente, comme lui sans garantie de stabilité, pût être modifié et changé par un pouvoir supérieur.

Ce droit de dissolution, on le voit donc, est un droit sacré qui ne peut appartenir qu'à celui-là seul que la Constitution appelle le chef de l'Etat. C'est en même temps le lien le plus fort qui puisse unir la Chambre élective au Roi ; car, semblable à un général qui peut au besoin licencier et recomposer son armée, mais non pas se passer d'elle, de même le Roi constitutionnel, inséparable d'une Chambre élective, doit pouvoir en appeler une qui lui soit dévouée, ou qui tout au moins ne veuille pas se séparer de lui ; et la faculté de dissoudre est le seul moyen qui lui soit donné d'obtenir une pareille Chambre.

Eh bien ! cette importante prérogative de la royauté sur le pouvoir populaire, c'est le pouvoir populaire qui, par l'adresse de 1830, a tenté de l'usurper sur la royauté. Car c'est en parlant directement au Roi, que la majorité a dicté les conditions de son concours dans le gouvernement. Quelle était la première de ces conditions? c'est la dissolution du ministère, et conséquemment la dissolution du pouvoir royal, en tant qu'il ne voudrait pas se séparer de ce ministère.

Mais la Chambre, dira-t-on, animée contre le ministère d'une sorte de haine et d'indignation, saisie contre lui d'une invincible méfiance, à dû le déclarer au Roi, et lui dire en face ce que l'épreuve de l'urne aurait bientôt démontré. Mais l'urne n'est-elle donc pas quelquefois exposée à recevoir l'expression d'opinions erronées ou rebelles? le Roi n'est jamais fait pour l'entendre.

C'est véritablement chercher à renverser des ministres, que de leur prouver, par un vote constitutionnel, qu'on regarde leurs propositions de lois et leur administration comme pernicieuses. On manque directement au Roi de respect et de soumission, en lui déclarant que son bon plaisir, là où il a caractère légal, n'est pas celui de ses sujets, et que leur caprice à l'égard des ministres doit devenir sa loi.

Qu'on ne dise pas ici en effet que telle n'a pas été la conduite de la majorité, et que, préparée avec résignation aux conséquences de ce qu'on peut appeler son *déni de justice*, elle venait humblement et avec douleur exposer au Roi l'obligation où elle était de se retirer, seul droit qui lui restait. D'abord elle n'a point agi ainsi, mais telle n'a pas été non plus son intention. Elle était loin en effet de prévoir quel serait le résultat de la sage fermeté du Roi; et depuis qu'il a été connu, combien de zélés partisans du libéralisme ont-ils appelé faute grave, ce que d'autres appellent encore acte sublime d'énergie et de patriotisme! Cette division d'avis prouve déjà qu'il n'y avait pas beaucoup d'accord parmi les coryphées du parti libéral sur l'opportunité de l'adresse, et sur les justes prévisions de ses résultats; mais ils soutiennent tous également et ses principes et sa légalité.

Cependant, s'ils reconnaissent avec moi une seule chose, savoir, que cette adresse a été dirigée contre les ministres, et rédigée à leur seule occasion d'une manière hostile, ils seront aussi forcés d'adopter l'une ou l'autre de ces deux conséquences.

Ou la majorité déclarait ne point vouloir reconnaître les ministres du Roi, parce que simplement ces ministres ne convenaient ni à ses goûts ni à ses vues ; ou bien s'arrêtant contre ces ministres, moins à des sentimens de haine individuelle qu'à des actes qui constituent quelque culpabilité, entendait-elle les accuser? Dans le premier cas, l'adresse est envahissante et inconstitutionnelle; dans le second, elle est inconstitutionnelle et odieuse.

Et d'abord la Chambre, en ne se soumettant pas respectueusement au choix que le Roi fait de ses ministres, mais prétendant le violenter ou l'annuler, s'attribue à elle-même l'exercice de ce droit; or, l'article 14 de la Charte le confère exclusivement à la royauté; mais remarquez ensuite que si la Chambre élective s'en empare, le pouvoir royal passe dès lors tout entier en elle. Cependant la Charte a voulu que ce pouvoir restât intact dans l'Etat comme les deux autres; que si, par lui-même ou par les ministres qui le représentent, il se constitue en opposition avec les Chambres, ce n'est là qu'une conséquence possible prévue par la Charte, souvent même nécessaire pour rétablir vis-à-vis des autres pouvoirs l'équilibre indispensable à l'autorité royale.

Mais évidemment, le jour où les agens du Roi seraient nommés par l'une des Chambres ou sous son influence immédiate, responsables vis-à-vis d'elle seule, ils ne seraient plus que ses serviles instrumens. La royauté, forcée alors de prêter son nom à tous les actes d'un ministère dont elle ne disposerait plus, serait par-là même anéantie, ou, si l'on aime mieux, envahie par l'action du pouvoir populaire. Or, cette brèche faite à la Constitution entraînerait bientôt sa ruine; et nous pourrions déjà, à la veille des plus grandes catastrophes, répéter avec M. de Luxembourg ces paroles mémorables, qu'il adressait à Louis XVI à l'occasion de la réunion des trois ordres des Etats-Généraux : « Sire, disait-il, réunis, ils « ne connaîtront point de maître; divisés, « ils seront toujours vos sujets. » En effet, à la toute-puissance de l'Assemblée constituante succéda la criminelle Convention; et comme l'une et l'autre exercèrent pour ainsi dire avec une autorité toujours croissante le droit de choisir les ministres, il y en eut d'abord qui, contestant la capacité du Roi, devenu étranger à leur existence, le mirent en tutelle; et d'autres, bientôt après, qui allèrent jusqu'à le mettre en accusation et à lui arracher la couronne et la vie.

Non, il n'est pas d'excès qui ne fussent encore possibles à une Chambre qui, de corps uniquement délibérant, deviendrait chaque jour de plus en plus agissant; qui, au moyen du choix des ministres, créerait des instrumens toujours plus dociles à ses impulsions. La royauté, dépourvue d'appui, ne pourrait plus les arrêter ni les prévenir. Une lutte dernière s'établirait soudain entre le pouvoir populaire et la Chambre des pairs. Il y aurait dès lors discussion de principes, plus de pouvoir royal pour prendre part à cette discussion; et ainsi plus de Charte, plus de sûreté dans l'Etat, incertitude et danger de son avenir.

Je dis que si, dans la nomination des ministres, le Roi n'était que l'organe obligé d'une majorité, alors deviendrait impossible l'exercice indépendant de l'initiative royale, et l'application de ce principe, que le Roi peut retirer les projets de loi lors même qu'ils ont été discutés; car il n'y aurait de projets de loi que les volontés imposées de cette même majorité, et il n'y aurait de pouvoir royal ou ministériel que pour les deviner ou les seconder: alors, contre l'article 22 de la Charte, la sanction du Roi ne serait plus libre; car les ministres qui la conseilleraient, seraient toujours ceux qui seraient les plus intéressés à l'obtenir: alors il serait gravement contrevenu à l'article 18, d'après lequel toute loi doit être votée librement par la majorité des Chambres.

En effet, il ne pourrait exister qu'une majorité factice, douteuse, en présence de ministres, pour ainsi dire, à double face, qu'on verrait en même temps s'autoriser du Roi, et dépendre entièrement de l'une des Chambres. Il arriverait que dans cette Chambre, beaucoup de membres d'un pieux royalisme, craignant encore d'asservir le pouvoir royal lui-même en repoussant celui qui aurait usurpé jusqu'à ses apparences, dans le doute, dans l'embarras de leur conscience, rendraient des décisions, émettraient des votes, formeraient peut-être une majorité; mais l'honneur national et la Constitution se refuseraient également à adopter cette majorité comme libre et indépendante.

La Chambre des députés, ainsi qu'en Angleterre, dira-t-on, en refusant la majorité aux ministres, peut prétendre à forcer leur renvoi. Par la déclaration préalablement adressée au Roi que cette majorité est contre eux, elle doit atteindre le même but.

Dans le droit, j'ai déjà répondu que cette déclaration, inconvenante en elle-même, devenait inconstitutionnelle, et même un acte de révolte, quand elle était suivie d'un effet, quand il y avait eu refus positif de concourir aux actes du gouvernement.

Dans le fait, il est absurde de comparer notre situation à celle de l'Angleterre; s'il est vrai que le changement de ministère y est plus facile à obtenir du roi qu'en France, c'est qu'il est moins important et moins dangereux dans ses causes comme dans ses résultats. Tout garantit le pays, vis-à-vis la Chambre des communes, contre les actes et les volontés d'une majorité toujours créée par l'influence de l'aristocratie dans les élections, et devant ainsi réunir toutes les conditions nécessaires aux défenseurs de l'ordre, aux arbitres des lois, aux soutiens de la patrie. Cette influence, on le sait, n'existe pas en France. Ce n'est donc pas trop du pouvoir que le Roi s'est donné par la Charte, pour résister aux envahissemens de majorités enfantées souvent par l'esprit de parti, et dépourvues de ces garanties sans lesquelles elles deviennent très-dangereuses; vérité incontestable aujourd'hui : la majorité de 1830 nous en a donné un trop frappant exemple!

Cette majorité savait que de sa première victoire dépendaient toutes les autres. Le premier acte de faiblesse en sa faveur, aurait entraîné le dernier. Pour le libéralisme, essentiellement envahissant, il n'est pas de concession qui ne dût être décisive dans ses intérêts ; et ce serait encore peindre faiblement ses prétentions, que de lui appliquer ces paroles de Charles IX aux réformés : « Il n'y a pas long« temps, leur dit-il, que vous vous conten« tiez d'être soufferts par les catholiques ; « maintenant vous demandez à être égaux ; « bientôt vous voudrez être seuls, et nous « chasser du royaume. »

Actuellement, si l'on me dit que par l'adresse, la Chambre a voulu accuser les ministres, oh ! ici un champ bien plus vaste s'ouvre devant moi. A Dieu ne plaise cependant que, sans examen, j'entende blâmer une accusation quelconque dirigée contre les ministres actuels ! Il y a plus, si je ne consultais que l'histoire des inimitiés qu'ils ont suscitées, ainsi que tous leurs devanciers, en remontant jusqu'à l'origine de la monarchie française, je me croirais aussi presque disposé moi-même à les condamner sans les entendre. Depuis Louis *le Débonnaire* en effet, jusqu'à nos jours, les ennemis des ministres leur ont toujours attribué tout le mal qu'ils faisaient eux-mêmes, et ne leur ont tenu aucun compte de tout le bien qui s'est opéré par la civilisation, fruit de leurs efforts.

Qui eut plus d'ennemis que ce Villeroi, cinquante ans ministre sous quatre rois, et dont Henri IV a dit : *Il travaille toujours, et ne se lasse jamais de bien faire?* que ce Richelieu, dont Louis XIII respecta les principes politiques après comme avant sa mort? que ce Mazarin, qui, en n'opposant aux reproches et aux sinistres prédictions de ses nombreux détracteurs que ces deux mots, *le temps et moi*, a su avec eux immortaliser et son nom et son siècle ? Après de si illustres exemples, comment les ministres de 1830, ou tous autres qui, à leur place, soutiendraient franchement et sans détour les intérêts communs de la couronne et du peuple, comment de pareils hommes seraient-ils assez peu privilégiés pour ne pas exciter contre eux toutes les haines qui ont honoré leurs prédécesseurs? On le voit; dans leur intérêt, je ne veux pas même le prétendre.

Ainsi, je m'empresse de reconnaître que les ministres, comme simples membres du parti royaliste, devaient, à ce seul titre, exciter contre eux toute la fureur révolutionnaire. Ainsi se conçoit et s'explique comment ils ont été en proie aux plus amères inculpations, comment on n'a réveillé contre eux que les souvenirs d'actes étrangers à leurs nouvelles fonctions. J'en ai trop dit sur la licence de la presse, pour ne pas lui attribuer naturellement et avec justice, toutes les calomnies, toutes les accusations de crimes politiques ou privés; en un mot, toutes les incriminations infâmes dont ils sont l'objet.

Mais si la Chambre des députés, partageant contre les ministres cette haine violente de leurs plus obscurs ennemis, a voulu la démontrer par son vote de l'adresse, c'est qu'elle a entendu sans doute exercer par là ses droits dans l'intérêt de ses passions; c'est qu'elle a voulu porter quelque accusation réelle, positive; c'est que, si elle n'a pu alléguer des griefs ni de trahison ni de concussion, au moins, en sa qualité de corps politique, elle entendait juger un peu les ministres dans leur sphère politique; au moins a-t-on renouvelé contre eux cette accusation générale des ministres nouveaux, exprimée par le pape Innocent IX, qui excusa sa résolution de maintenir en France l'évêque de Plaisance, qu'on voulait lui faire rappeler, en disant: *Les nouveaux ministres ne font qu'estropier les affaires avant de les entendre.*

Mais non, rien de tout cela: à ce titre, aucune plainte, aucune accusation positive, certaine, n'est alléguée. L'adresse renferme tous ses griefs, qui le croirait! dans la supposition d'une pensée; et c'est le libéralisme, partisan si jaloux de la liberté de la pensée, qui, en présence de ses principes qui le condamnent, et de la France qui le juge, ose dire ces seuls mots : *Sire, une défiance injuste des sentimens et de la raison de la France, est aujourd'hui la pensée fondamentale de l'administration!* Je le demande au bon sens public : ne faut-il pas s'occuper plutôt de restreindre la témérité, qui prête gratuitement aux premiers agens du Roi une pareille pensée, que d'inculper une pensée elle-même, dont la libre conception appartient à l'indépendance de l'esprit humain, et dont la répression, si elle était manifestée par des actes, appartiendrait non au Roi, mais aux Chambres elles-mêmes?...

Mirabeau, qui, dans les écarts de son opinion, est allé encore moins loin que le libéralisme de nos jours, a revendiqué pour le peuple le droit de déclarer au Roi qu'*il n'avait point confiance dans ses ministres* (9); mais alors une loi immuable n'était pas encore créée; une Charte, règle invariable, n'était pas là pour apporter un frein aux opinions. L'Assemblée constituante travaillait à la loi fondamentale; mais elle existe pour notre Chambre des députés, qui n'a qu'à l'appliquer, à l'étendre au besoin, mais jamais à la modifier.

A part ce motif, je dis que l'adresse de 1830 est plus révolutionnaire que le principe posé par Mirabeau. Ce n'est pas ici, comme il le demandait lui-même, la Chambre qui déclare au nom du peuple qu'elle n'a point de confiance en ses ministres, sentiment capricieux comme tout ce qui est populaire; mais c'est le libéralisme qui déclare, au nom du peuple, qu'il a découvert dans les ministres une pensée de défiance qui l'injurie et l'inquiète. Ainsi, ce n'est pas ici, de la part du libéralisme, du dégoût, l'expression pure et simple de la méfiance, mais une accusation vague, indéterminée, monstrueuse, que l'esprit poursuit sans cesse, qui sans cesse lui échappe, et que Mirabeau lui-même aurait repoussée.

Pour la justifier enfin, cette accusation de défiance dont le peuple n'a reçu aucune preuve, cette accusation également dirigée contre tous les ministres du 8 août, il faut bien qu'à l'égard de quelques-uns au moins, on ait cherché des griefs dans une époque antérieure à la restauration. Ceux qui ont rédigé et voté l'adresse, n'y auront pas manqué. Du reste, leur apprentissage était fait. La licence de la presse s'était longuement exercée sur cette matière. L'héroïsme et la fidélité pendant la révolution sont, au jugement du libéralisme, des crimes à jamais flétrissans. Ainsi, c'est après quelques recherches bien honorables pour les ministres, mais illégales, qu'un certain nombre de mandataires se disant le peuple constitutionnel de France, a dirigé contre eux, à défaut d'accusation, ce qu'on peut appeler l'improbation coupable d'une conduite antérieure à la restauration ; car l'article 11 de la Charte établit que toutes recherches des opinions et votes émis jusqu'à la restauration, sont *interdites*.

Cet article, cependant, n'a été fait que dans l'intérêt de la révolution elle-même, pour ensevelir tous ses crimes dans le silence et l'oubli. Eh bien! le dirait-on? c'est elle qui la première y contrevient avec tant d'audace. Elle essaye, par ce moyen, d'avilir des hommes qui, à ses yeux, n'ont d'autre tort que d'avoir coopéré à la contre-révolution avec zèle et sans relâche, avant de servir la restauration avec énergie. Car si c'était depuis l'établissement de nos institutions nouvelles que les ministres eussent démérité du pays, leurs fautes politiques auraient été vengées par les lois; mais il n'en a pas été ainsi; et avant que le Roi les appelât au ministère, aucune voix ne s'était fait encore entendre à eux, que celle de l'estime publique et d'une conscience sans reproche.

Et cependant l'adresse de 1830, en les déclarant indignes, tendait à obliger le Roi à leur retirer sa confiance. Le libéralisme ignorait donc que tout acte d'un roi ne doit lui être dicté que par la plus impartiale justice, et que, depuis le premier ministre jusqu'au dernier des serviteurs de l'Etat, la sévérité royale ne doit les frapper également dans l'ordre de leurs fonctions, que lorsque l'abus qu'ils en ont fait réclame satisfaction ou vengeance. Mais, d'après les caprices du libéralisme, au contraire, c'est l'injustice qui doit s'asseoir sur le trône, et le Roi s'en déclarer le servile instrument. « Sachez, mon fils, dit « Louis XI en mourant, qu'à mon pre- « mier avènement au trône, ayant déposé « de leurs charges les officiers qui avaient « servi dignement l'Etat et le Roi mon « père, cette démarche a fait couler des « torrens de larmes et de sang, et a rem- « pli mes jours d'amertume. » N'est-ce pas à la possibilité d'un pareil résultat que les signataires de l'adresse exposaient Charles X? Car, puisqu'ils ne prouvaient pas non plus que les ministres avaient servi d'une manière indigne l'Etat et la couronne, devant qui et comment prétendaient-ils les accuser? Devant l'Etat! mais c'était l'Etat, représenté par une Chambre hostile, qui semblait ainsi les accuser. Devant le Roi! mais une accusation quelconque, en droit naturel, est réputée fausse tant qu'elle n'est pas prouvée. Or, le chancelier L'Hôpital a dit lui-même : « C'est un crime capital de « donner à son souverain de faux avis qui « tendent à le mettre en défiance de ses « sujets. »

La Charte a établi, dans son article 62, que nul ne peut être distrait de ses juges naturels. D'après l'article 56, la Chambre des pairs est seule compétente pour entendre et juger l'accusation portée contre les ministres; et cependant c'est au Roi que ceux-ci ont été dénoncés par la Chambre des députés. Cette accusation, ainsi présentée, est odieuse, parce que tout en ayant pour les prévenus les mêmes charges qu'une accusation réelle, elle ne leur offrait pas les mêmes ressources : elle tendait à faire passer dans l'âme du Roi, à l'égard de ses ministres, cette prétendue défiance des ministres envers le peuple; et si la juste fermeté de Charles X s'était laissée ébranler, nous aurions eu en France l'affligeant spectacle d'hommes déchus du pouvoir, accablés sous le poids d'une accusation calomnieuse, flétrissante, dont ils n'auraient pu se défendre, réduits à envier le privilége des plus obscurs prévenus; ceux-là, en effet, peuvent, dans la moindre Cour de justice, faire valoir leurs moyens, et repousser d'injustes préventions.

Cette accusation est donc odieuse et inconstitutionnelle, parce que si la Charte a disposé, dans son article 54, que les ministres ont leur entrée dans la Chambre, et qu'ils doivent être entendus quand ils le veulent, certes la majorité de la Chambre, en votant contre eux une adresse dont l'effet devait être à l'instant de les séparer d'elle, ou de se séparer d'eux, les repoussait ainsi de son sein, et leur refusait tout accès à la tribune pour s'y justifier. Cette accusation est encore odieuse, parce que le grand crime des ministres était d'avoir accepté un poste que ne pouvaient refuser des Français dévoués, soumis à leur Roi; cette accusation est odieuse enfin, parce que constituant elle-même un crime pour ses auteurs, elle supposait au contraire le crime prouvé contre les accusés.

Mais elle était adressée à un Roi sage et éclairé, qui devait venger ses droits méconnus. Sa prérogative avait été attaquée avec une violence dont la répression devait être sévère et mémorable. L'adresse de 1830, en un mot, est un des actes les plus audacieux du pouvoir populaire contre le Roi constitutionnel : elle est à elle seule l'histoire, le dénouement de toute une révolution. Nous nous estimons mille fois heureux d'avoir à lui opposer pour adversaire M. B. Constant lui-même (10). L'article remarquable écrit par ce publiciste sur la prérogative royale est pour elle aujourd'hui un véritable triomphe ; il décide irrévocablement la question du pouvoir absolu du Roi sur le choix et le maintien des ministres, et l'illégalité de toute déclaration contre eux votée par les assemblées délibérantes : il est vrai que ce député a fait, en faveur de l'adresse, une réponse (11) à sa première opinion.

Mais d'abord, j'aime à le reconnaître, lorsque ce publiciste exposait, en 1814, ses principes sur la prérogative royale, sous l'empire de la Charte, il ne s'est pas réservé le droit de les désavouer tant que la Charte conserverait son empire. Il ne raisonne pas dans une autre *hypothèse*. Il écrit sous une forme de gouvernement qui n'est entourée que de garanties de stabilité; et, en effet, si en 1830 aucun changement n'est survenu à la Constitution de l'Etat, s'il y a toujours en présence un pouvoir royal, une Chambre des pairs et des députés; en voilà assez pour que je défie le lecteur le plus *subtil* de découvrir, selon les idées de M. Benjamin Constant lui-même, la moindre différence, dans les deux situations de la France en 1814 et en 1830, qui lui permette de rétracter comme fausse, à cette seconde époque, une opinion qu'il déclare être vraie et sincère en 1814. Mais venons-en aux théories.

C'est contre *l'adresse* de la Chambre des députés que l'article de M. Benjamin Constant a été invoqué d'une voix unanime, et que nous allons l'invoquer de nouveau dans cet écrit. L'abondance et l'énergie des moyens semblent nous promettre dans la discussion un succès décisif.

De l'opinion qu'on oppose à M. Benjamin Constant, il résulte positivement, en dégageant la discussion de toute question complexe, que déclarer les ministres indignes de la confiance publique, est une sorte d'iniquité dans notre ordre constitutionnel. Cela se prouve d'abord, parce qu'une déclaration de ce genre peut devenir l'arme d'une assemblée factieuse; ou bien elle est inutile. Secondement, cette déclaration nuit également aux ministres, au peuple, et au Roi lui-même : aux ministres, parce qu'elle les flétrirait sans appel; au Roi et au peuple, parce que le procès des ministres du Roi étant [illegible]agé par les mandataires du peuple, deux pou[illegible] puissans militeraient ainsi également pour et co[illegible] l'effet de la déclaration. Elle ne servirait donc qu'à rompre l'harmonie, et la compromettrait gravement. N'introduirait-elle pas, en effet, entre le Roi et la Chambre élective, un procès, sans tribunal pour le juger, sans autorité impartiale et désintéressée pour en poursuivre le jugement? car, dans un troisième moyen tiré de la prérogative royale, M. B. Constant fait bien voir que ce procès intenté aux ministres par la simple déclaration, deviendrait aussi celui du Roi, puisque le Prince qui a nommé, qui maintient ou qui veut maintenir des ministres indignes de la confiance publique, est par-là même inculpé ou dans ses intentions ou dans ses lumières; ce qui ne doit jamais arriver, ajoute M. B. Constant, dans un gouvernement constitutionnel.

Citons à l'appui les excellentes raisons qu'il développe si bien : c'est que d'abord, selon lui, l'indépendance des nominations 'est non seulemen‹ ... attribut accessoire de la mon... ..ie représentative, mais elle est de ..n essence. En second lieu, c'est que de cet attribut dérive l'inviolabilité du Roi. Troisièmement, c'est qu'il faut non seulement laisser cette prérogative intacte, mais même il faut craindre d'y toucher; il faut la respecter. Pour cela, M. B. Constant exige deux conditions indispensables et absolues. Jamais d'abord il ne faut contester au Roi le droit de choisir. Jamais, en second lieu, les assemblées ne doivent s'arroger le droit d'exclure, parce qu'il implique celui de nommer. Donc, si *jamais* cela leur arrive, en remontant au principe, elles contestent au Roi le droit de choisir, entament la prérogative du Roi, attaquent son inviolabilité, et troublent la monarchie constitutionnelle jusque dans son essence.

Or, je le demande actuellement, l'essence de la monarchie, la prérogative absolue du Roi pour les nominations, son inviolabilité, sont-ce des choses moins importantes et plus étrangères à notre situation actuelle, qu'elles ne l'étaient en 1814? Non sans doute; car dès cette époque, M. B. Constant lui-même expliquait ces principes, en disant « qu'il voulait que « la royauté fût investie de toute la force, « entourée de toute la vénération qui lui « sont nécessaires pour le salut du peuple « et la dignité du trône. »

Ainsi, deux preuves irréfragables pour établir que la doctrine de M. B. Constant est sans exception, et applicable à tous les systèmes possibles de responsabilité. La première, tirée de l'intention de l'écrivain, clairement manifestée par ce fatal *jamais* qu'il a répété plusieurs fois; la seconde, tirée de la force de sa logique; car, d'après lui, en contestant au Roi sa liberté dans la composition et la conservation des ministres, on attaque l'essence de la monarchie constitutionnelle. Mais l'essence d'une chose dure autant qu'elle, n'appartient qu'à elle seule; et ce qui est capable de la compromettre à une époque, le doit donc aussi à une autre, quelle qu'elle soit, pourvu que la chose existe.

Or, avons-nous une monarchie constitutionnelle? La liberté toujours croissante avec laquelle on l'attaque, l'atteste bien. D'un autre côté, une assemblée a-t-elle déclaré les ministres du Roi indignes de la confiance publique? M. B. Constant ne le nie pas, puisqu'il veut le justifier. Comment a-t-il qualifié cet acte en 1814? Il a dit qu'il attentait à l'essence de la royauté selon la Charte. Qu'il commence donc par enlever de notre gouvernement jusqu'à l'essence même de la monarchie constitutionnelle, ou je dois appliquer à la circonstance actuelle ses anciennes doctrines.

Mais d'abord, je sens le besoin de le dire, autant est belle la mission d'un écrivain qui, animé par le seul désir de servir son pays, et de le garantir des vacillations dangereuses de son gouvernement par l'invariabilité de ses doctrines, qui, reculant avec horreur devant les suggestions intéressées de l'ambition ou les opinions factices des partis, n'entretient le public que de principes utiles, fondés également sur sa conviction profonde et son zèle patriotique, autant est à plaindre celui qui, par une funeste conversion, non seulement revient à des erreurs qu'il a lui-même combattues avec les armes de la vérité, mais encore prétend effacer jusqu'au caractère indélébile de cette vérité, en lui associant le sophisme, pour la dénaturer.

Qu'on soutienne, si l'on veut, que l'opinion doit avoir ses exigences; mais qu'on m'accorde au moins que l'esprit de l'homme est soumis à des lois de nécessité que la plume de l'écrivain ne peut trahir sans le faire manquer au premier de ses devoirs. Ainsi, la prérogative royale est une des bases de l'Etat; l'avoir défendue avec talent et dans le vrai, c'est avoir acquis un titre à la reconnaissance publique. Si ce fut un pur bienfait, il n'est pas généreux de le retirer; si ce fut une opinion, c'est se forfaire à soi-même que d'essayer de la détruire.

Mais, dira M. B. Constant, la prérogative royale ne doit pas nuire à la responsabilité des ministres. Non, je suis d'accord avec vous ; mais convenez avec moi que ce sont deux choses tout à fait différentes. La prérogative royale garantit un pouvoir immuable ; la responsabilité ne concerne que quelques hommes agens du Roi, dont les fonctions et l'existence politiques sont subordonnées à sa volonté.

Je comprends cependant que vous désiriez une loi explicative de l'article luimême de la Charte, qui établit cette responsabilité ; je conçois que si vous ne l'obtenez aussitôt, ou telle que vous la voudriez, trop docile à l'esprit de votre parti et à ses fureurs, vous ne vous laissiez aller à des écarts fâcheux ; mais ce que je ne puis concevoir, ce que je ne saurais excuser, c'est que les besoins et les exigences de ce parti soient de telle nature, que vous puissiez être forcé de vous repentir, en faveur de la responsabilité, de ce que vous avez dit en faveur de la prérogative; c'est que bien plus, ajoutant au repentir l'exécution d'une entreprise impossible, vous ayez voulu persuader que l'article qui vous est opposé, ne fut en quelque sorte que le fruit d'un esprit de déception; c'est qu'enfin vous ayez consenti, pour les prétendus intérêts du peuple, à abandonner tous ceux de la royauté en ce qu'ils avaient, d'après vous, de plus essentiel au maintien de la Constitution.

Car il ne faut pas dire que, lorsque vous écriviez votre opinion sur la prérogative royale, vous laissiez sous-entendre que tous vos principes sur cette question étaient subordonnés aux modifications qui adviendraient à la responsabilité ministérielle. Non seulement j'argumenterai de ce que rien ne peut le faire croire, mais même de ce que vous avez tellement développé vos pensées, qu'aucune interprétation différente du sens qu'elles présentent naturellement, ne peut être invoquée aujourd'hui.

En effet, passant de l'inviolabilité du Roi à l'énumération des autres garanties, selon vous les plus nécessaires après elle, vous n'avez parlé de la responsabilité ministérielle que pour énoncer en deux mots l'improbation que vous donniez à des projets de loi conformes au principe que nous combattons.

Mais quelles étaient ces autres garanties si nécessaires? Vous en avez énoncé trois, toutes également étrangères à la responsabilité ministérielle, savoir : une liberté parfaite pour les délibérations des assemblées; en second lieu, une liberté illimitée de la presse; troisièmement, une liberté d'opposition telle, que cette opposition jouisse de toute la facilité possible pour enlever au ministère sa majorité. Ainsi, non seulement vous passez sous silence ce qu'il y a d'après vous de plus important dans tel ou tel mode de responsabilité; mais il y a mieux; car vous y suppléez entièrement en indiquant trois moyens qui, réunis, composent un vrai palladium des libertés publiques, avec lequel rien n'est plus à craindre ni à désirer pour elles. En vous prononçant contre la déclaration, ce n'était donc pas conditionnellement à l'adoption de quelque projet meilleur de responsabilité ministérielle : vous n'en proposiez et vous n'en citiez aucun.

Direz-vous que la responsabilité des ministres étant étrangère à l'accusation légale ou à la déclaration de méfiance, vous supposiez la question de responsabilité déjà résolue? Mais vous vous tromperiez évidemment; car l'accusation ou la déclaration ne pouvaient pas être étrangères au droit qui les concède; et ce droit, ce n'est que la responsabilité qui le constitue. Direz-vous encore que, d'après votre responsabilité fictive et sous-entendue, vous placiez les ministres dans l'impossibilité de faire aucune faute, qui n'attirât aussitôt contre eux une accusation formelle? Non, car vous raisonniez dans le cas où les ministres auraient compromis la sûreté de l'Etat, la dignité de la couronne ou la liberté du peuple, sans avoir enfreint d'une manière directe aucune loi positive; et dans cette situation même, où vous reconnaissiez que toute accusation légale contre eux serait impuissante et sans motif, vous refusiez la déclaration proposée.

Jamais, non, jamais, selon vous, elle ne devait être ni possible, ni permise; ce qui exprimait littéralement que vous ne vouliez pas d'une responsabilité qui exposât les ministres à rendre compte au pays d'autre chose que de l'exécution des lois positives. Or, la déclaration n'avait pas d'autre but : et vous l'avez pulvérisée, en répétant jusqu'à deux fois qu'elle *ne pouvait devenir qu'une formule sans conséquence, ou une arme entre les mains des factions*. Comment pouvez-vous donc aujourd'hui lui reconnaître un emploi utile, ou même une destination qui ne soit pas dangereuse?

Quant à l'accusation, quant au seul moyen constitutionnel de poursuivre les ministres pour leurs infractions, vous déclarez de nouveau, sans réserves, que vous n'en voulez pas d'autre; et si vous aviez appliqué à vos raisonnemens un sens abstrait qui eût pu en diminuer la force ou en dénaturer le sens, peut-être même, malgré la logique la plus serrée, faudrait-il retomber dans ce vague qui offre toujours un appui à l'erreur, sinon un asile à la mauvaise foi. Mais loin de pouvoir invoquer le bénéfice de quelque abstraction philosophique en faveur de principes nettement posés, clairement expliqués par vous, vous êtes même sorti de la sphère des généralités, et vous êtes allé jusqu'à faire l'application de vos doctrines aux ministres, et dans leur intérêt. Que ces ministres soient *accusés quelquefois, légèrement même, si l'on veut, j'y consens*, dites-vous; mais qu'ils ne soient pas *exposés à chaque instant à une déclaration vague contre laquelle il serait plus difficile de les garantir.*

Or, établir, dans l'intérêt des ministres, la préférence qu'on doit accorder pour eux à tel ou tel moyen de les poursuivre ; c'est s'occuper de la responsabilité, quant à tout ce qu'elle a de commun avec eux. Eh bien! à cet égard, je le demande, quand vous avez non seulement repoussé la déclaration dans l'intérêt de la royauté, de la Constitution, mais encore des ministres eux-mêmes; quand sur deux effets dérivant de la responsabilité, la déclaration et l'accusation, seules choses en question; vous déclarez la première monstrueuse, illicite, et l'autre légale et avantageuse, pouvez-vous former un corps de preuves plus complet? pouvez-vous même nous convaincre que, dans votre intention comme dans le sens véritable de vos paroles, vous n'avez pas entendu réprouver une responsabilité qui, se dépouillant des conditions que vos doctrines lui imposent, abolirait l'accusation, et y suppléerait par une déclaration de défiance?

Cependant, m'objecterez-vous, si j'ai cru en 1814 l'accusation seule valable, et qu'en 1830 j'aie acquis la certitude que la déclaration est l'unique moyen de flétrir et de renverser les ministres, ce qui, d'après ma première opinion, doit toujours être possible, ne puis-je pas encore invoquer cette opinion dont je justifie l'intention, quoique j'en contredise le sens apparent? En un mot, quand on ne peut pas user de l'accusation, ne doit-on pas recourir à la déclaration? En bonne morale, je réponds que ce principe est monstrueux, parce que, si la déclaration a été jugée pernicieuse sous tous ces rapports, on ne peut ainsi, dans aucun cas, l'appliquer, ni en établir l'opportunité. Au défaut d'un acte licite, serait-il donc permis, d'ailleurs, de recourir à un mal réel, et qui mettrait, à l'instant même de son exécution, la chose publique en danger?

Dans l'intérêt de l'Etat, m'objecterez-vous encore, comme dans l'intérêt de toute chose privée, de deux maux il faut choisir le moindre. Or, la déposition de ministres dangereux ou suspects pouvant être nécessaire et pressante à provoquer, dans ce cas tout moyen est bon qui conduit au but. Ainsi, l'accusation offrant trop d'embarras, des obstacles même invincibles, la déclaration devient alors, pour le pays, un moyen de salut. Quoi! vous osez donner cette importance, ainsi subitement improvisée, à une simple dénonciation des ministres, vous qui n'avez fixé notre attention pour leur résister, que sur la liberté de la presse et celle de la majorité des Chambres! Avec ces deux conditions, vous donniez la victoire à nos institutions, dans quelque danger qu'elles aient été placées : ne prétendez donc plus que, d'après vos doctrines, la déclaration dût jamais remplacer l'accusation, et que vous ayez voulu les confondre d'une telle manière que l'une pût suppléer à l'impuissance de l'autre.

Mais est-il bien vrai que dans notre ordre de choses, il ne soit pas possible de poursuivre une accusation? Et d'ailleurs, quand le fait serait exact, de quel droit vous en vengeriez-vous, en acquérant le pouvoir bien plus dangereux de reprocher publiquement et irrévocablement aux premiers agens du Roi des fautes qu'ils n'auront pas commises, des sentimens qu'ils n'auront pas conçus ?

Ou les ministres ne sont plus des hommes, quand ils sont parvenus à cette dignité, ou on peut leur appliquer aussi cet axiome de droit naturel, « que mieux vaut cent fois laisser le crime impuni, que condamner l'innocence ; » ce qui veut dire qu'il vaut mieux être impuissant contre les ministres, que les exposer à subir le jugement inique des factions. Que si vous me parlez de l'Etat, dont les intérêts ne doivent jamais souffrir, je vous dirai que c'est surtout pour lui qu'il est important de ne pas autoriser par son exemple l'injustice et l'iniquité. Quoi de plus affreux que de voir les lois morales violées au nom de l'ordre social, qui ne peut lui-même se maintenir que par leur scrupuleuse observation ! Et d'ailleurs, s'il était évident que les ministres travaillassent à la ruine du royaume, ne perdraient-ils pas d'abord toute majorité dans les Chambres? Le Roi, ensuite, partageant la méfiance de ses sujets, pourrait-il s'empêcher incontinent d'y faire droit? Eclairé sur les forfaitures et les crimes de ses mandataire, n'armerait-il pas le premier contre eux sa royale justice?

C'est donc quelque chose de chimérique, que ce danger résultant de l'impossibilité prétendue où les Chambres sont d'arrêter les actes, et d'accuser les crimes de ministres prévaricateurs. Si cette impossibilité était clairement manifestée dans la Charte, si les formalités de l'accusation, telles qu'elles étaient en 1814, et telles qu'elles sont encore aujourd'hui, n'étaient en elles-mêmes que des mots vides de sens ou ridicules, pourquoi auriez-vous dit avec solennité : « C'est un grand argument « dans la bouche des défenseurs d'un mi- « nistre, que ce simple mot : *Accusez-le?* » Dans l'intention qui, selon vos prétentions nouvelles, dicta votre article, vous auriez dû ajouter au moins : « Ce simple

« mot, *accusez-le*, sera un grand argu-
« ment, quand l'accusation sera appuyée
« par un système différent de responsabi-
« lité. » Mais non; jamais vous ne déplacez la question; jamais même vous ne paraissez vouloir l'étendre au-delà du moment où vous parlez, ni hors de la législation constitutionnelle, qui régissait alors la France.

Direz-vous enfin que cette législation, tendant à se développer d'elle-même, vous la supposiez, dans vos doctrines, arrivée, quant à ce qui concerne la responsabilité, à un point de perfection, où elle n'est pas encore parvenue? Mais je vous répondrai que vous vous êtes interdit vous-même ce prétexte, en définissant clairement quelle était la meilleure législation, pour obvier toujours à la défiance qu'inspireraient les ministres. C'est uniquement une *majorité forte*, qui puisse librement les soutenir ou les abandonner. Cette assertion, l'avez-vous avancée pour la livrer au doute et à l'incertitude? Etait-ce, pour le problême mis en discussion, une solution provisoire, et qui pût en impliquer une meilleure ou plus complète? Non, non; c'est en invoquant les lois et la Charte que vous entendiez rendre cet oracle. « C'est là, avez-« vous dit, le moyen légal, c'est l'expres-« sion constitutionnelle. »

Laissiez-vous à penser que ce moyen, quoique constitutionnel, pût devenir insuffisant, pour désigner envers tels ou tels ministres, certains reproches d'une nature plus ou moins grave? Non, votre proposition était générale; et le mot isolé de *défiance* qu'elle contient, désignait tout ce qui n'était pas matière à accusation. Il ne pouvait pas alors exister de moyen terme entre l'accusation qui dénonce et qui prouve les crimes, et la majorité qui, par de simples soupçons, dirige l'opposition contre les ministres, et leur refuse son vote. Vous n'adoptiez donc que l'une des deux.

Mais il n'était peut-être pas dans votre pensée de donner cette importance exclusive à l'action légale de la majorité, et l'on a tort sans doute d'établir contre vous que l'indication ancienne d'un moyen de répression salutaire, suffit pour en interdire à jamais un autre devenu indispensable? Cependant, après avoir livré la déclaration à toute l'indignation de l'esprit humain, ne lui avez-vous pas vous-même porté le coup de grâce, par les derniers mots de votre article? En effet, le vote de la majorité vous a paru un moyen si préférable et si puissant, que vous avez décidé textuellement qu'*il était superflu d'en chercher un autre.*

Ainsi, la voilà donc hautement condamnée par vous-même dès 1814, cette assemblée de 1830, qui, sans respect pour vos opinions, a manifesté sa prétendue défiance, autrement que par le vote légal et opportun de sa majorité. La voilà encore plus hautement réprouvée, toute réfutation nouvelle de votre part qui tendrait à venger de votre improbation formelle, une déclaration que vous avez si habilement pulvérisée, quand vous la jugiez selon la justesse de vos vues et l'impartialité de votre politique. Cependant, vous n'avez pas hésité à montrer à la France étonnée le spectacle de cette frappante opposition de votre pensée avec elle-même.

Vous affirmez d'abord avoir écrit en « 1814, qu'il valait mieux accuser les ministres que les déclarer indignes de la confiance publique. » Vous commencez donc par rappeler un fait; et probablement, sans vous en apercevoir, dès le début vous tombez dans la plus grave des erreurs. Car toutes les paroles de votre première opinion déposent que, loin de comparer la déclaration et l'accusation, quant à leurs avantages réciproques, vous avez repoussé l'une avec une sorte d'horreur et vous avez donné à l'autre une approbation exclusive. Ainsi, vous ne quittâtes l'arène où vous étiez descendu, qu'après avoir clairement démontré, non pas que l'accusation était préférable, mais qu'elle était seule légale, seule admissible, tandis que la déclaration était en quelque sorte, dans notre législation constitutionnelle, un monstre qu'il fallait étouffer dès sa naissance.

Que suivait-il alors de votre doctrine? que dans l'alternative d'adopter la déclaration, ou de renoncer à toute accusation, vous auriez adopté avec empressement ce dernier parti. En effet, avec la liberté de la presse et celle de l'opposition, la faculté d'accuser les ministres vous semblait de peu d'importance. D'ailleurs, vous n'aviez indiqué vous-même aucune des dangereuses conséquences qui pourraient résulter pour l'Etat du défaut d'accusation; au contraire, si l'on adoptait la déclaration, d'après vous-même la monarchie constitutionnelle devrait en être troublée jusque dans son essence. L'inviolabilité du Roi était compromise, et son trône en danger. Plus de doute donc qu'il vous fallait aujourd'hui traduire ces pensées ainsi qu'il suit : « J'ai dit en 1814 qu'il valait « mieux ne pas accuser les ministres, que

« les déclarer indignes de la confiance pu-
« blique. » Et cependant vous avez commencé la réfutation, que nous combattons ici, par la phrase toute contraire.

Pourquoi encore, dans cette réfutation, alléguez-vous qu'en 1814 vous indiquiez simplement la déclaration comme un moyen dont il pouvait *quelquefois résulter des inconvéniens*, tandis que vous aviez écrit positivement : « Ne refusez à l'opposition « aucune ressource constitutionnelle pour « enlever aux minitres la majorité; mais « ne lui tracez pas un chemin dans lequel, « s'il est une fois ouvert, elle se précipitera « *sans cesse?* »

Pourquoi enfin prétexter que vous ne parliez que dans le système d'une responsabilité ou d'un mode d'accusation propre à délivrer le pays de ministres coupables, tandis que, pour obtenir le même résultat; vous aviez expressément demandé un moyen tout contraire, qui était l'accusation ou la majorité?

Au demeurant, vous avez dit en 1814

qu'on ne pouvait qu'accuser les ministres, *jamais* les déclarer indignes; secondement, que la déclaration devait avoir des effets *sans cesse* à redouter; troisièmement, qu'il ne fallait pas *chercher d'autre moyen*, pour renverser les ministres, que la majorité constitutionnelle. En 1830, vous prétendez avoir dit que l'accusation n'était qu'un *moyen préférable;* que la déclaration n'était que *quelquefois* dangereuse; troisièmement, que non-seulement *vous laissiez à chercher*, mais même que vous supposiez devoir être bientôt adopté, un nouveau mode de renverser les ministres, c'est-à-dire, un projet inconnu de responsabilité, dont votre propre système était, selon vous, la meilleure des solutions. Toutes ces dénégations, j'en atteste votre propre bonne foi, peuvent-elles être plus contradictoires, et peut-on vous répondre plus victorieusement quand une fois on vous les a opposés?

Que trouviez-vous donc après cela d'utile à élever de nombreuses difficultés, uniquement propres à détourner l'attention, mais non à pallier votre défaite? Que signifient ces empêchemens controuvés sur l'impossibilité de suivre une accusation qui, environnée des nouvelles conditions que vous lui imposez, ne pourra heureusement jamais être *légère*, comme vous paraissiez cependant le désirer quelquefois, d'après vos précédentes théories? Pourquoi aussi vous effrayer du défaut de commissaires à la Chambre des pairs? Cette Chambre, si elle partageait la méfiance du peuple contre les ministres, pourrait cependant aussi user de ses droits contre eux, et s'emparer d'une accusation qui est du domaine de sa puissance. Qu'importe enfin, d'après vous, que toutes les prérogatives manquent à la Chambre élective pour l'application d'un droit dont elle n'a pas eu l'occasion légitime de faire connaître et de poursuivre l'exercice?

Tant de questions nouvelles, et étrangères à celle qui nous occupe, en bonne logique, ne peuvent pas, en 1830, démontrer l'impossibilité d'appliquer votre opinion de 1814 à notre situation actuelle, comme à toutes les phases possibles de notre législation constitutionnelle, puisque cette opinion nous en fait elle-même une loi.

En résumé, M. Benjamin Constant, dans l'interprétation de ses premières doctrines, croit vainement pouvoir y apporter des restrictions; car des principes absolus ne souffrent pas d'exceptions, et encore moins des restrictions qui les détruisent. Ces doctrines subsistent donc encore dans toute leur force, et je ne puis rien ajouter, sinon que je désire pour l'honneur de la plume de l'ex-député du Bas-Rhin, qu'elle trace des lignes toujours aussi vraies, aussi sincères, que le sont celles écrites par lui en 1814, dans l'intérêt de la prérogative royale.

Cette prérogative tant attaquée, avait obtenu une première satisfaction. La session a d'abord été prorogée; que la sévérité royale se fût arrêtée là, ou qu'elle soit allée encore plus loin, toujours est-il qu'un exemple en était absolument nécessaire. La publication de l'adresse avait répandu la consternation parmi les Français loyaux et fidèles; par elle tout paraissait déjà s'être ébranlé; la confiance publique, qui est toujours en proportion de l'énergie de l'autorité royale, s'alarmait des attaques dirigées contre elle; les vrais amis du Roi, soupçonneux à si bon droit de la révolution, craignaient de la voir recommencer ainsi le cours de nouveaux triomphes; enfin, comme les lois ne sont pas loin d'être violées, quand les législateurs les enfreignent eux-mêmes, il me semblait entendre déjà tous les pouvoirs de la France adresser aux signataires de l'adresse, ces reproches mémorables du président du Harlay aux ennemis de Henri III : « Quand la majesté du prince est « violée, le magistrat n'a plus d'autorité. »

Mais Charles X n'a pas jugé cette majesté suffisamment vengée par la prorogation; et il vient de donner à la Chambre une nouvelle marque de sa juste indignation, et à la France un nouveau gage de sa confiance, par l'appel qu'il fait à de nouvelles élections; eh bien! nous en acceptons l'augure sans crainte. Autant sont grands les abus que nous avons signalés, autant est douce l'espérance où nous sommes, qu'une administration aussi royaliste que constitutionnelle, saura les faire disparaître.

Dans cette assurance, que la France royaliste partage sans doute, nous osons dire qu'attentive aux élections qui se préparent dans son sein, elle est déjà impatiente d'en faire connaître le résultat à son Roi bien-aimé. Si ce Roi met aujourd'hui sa sollicitude à délivrer de toute entrave la marche de son gouvernement, c'est à de bons et fidèles députés qu'il appartient de le raffermir à jamais. Assez longtemps la révolution, pour renaître de ses cendres, s'est efforcée de ne désigner aux suffrages des Français que des hommes trop aveugles pour apercevoir les ennemis du Prince, ou trop faibles pour les combattre. A la faveur de prétextes mensongers, elle a pu fasciner bien des yeux et affaiblir bien des courages; mais enfin, elle ne saurait changer les cœurs, et ce n'est qu'à l'amour de ses sujets, que le Roi a promis d'en appeler.

Tout bon Français veut la Charte; mais il veut aussi la royauté légitime. Or, nous l'avons démontré, avoir voté l'adresse de 1830, c'est avoir méconnu la Charte et renié le pouvoir royal. Notre nation, ralliée pour toujours à ses Rois, leur a juré une éternelle fidélité : ce sont ses députés qui sont gardiens de ce précieux dépôt; il ne doit jamais être en péril entre leurs mains; les électeurs de toute la France doivent ne le confier qu'à des hommes capables de le défendre, et non de le compromettre.

Il faut donc qu'il parte, de tous les points du royaume, pour se rendre bientôt auprès du trône, des hommes qui, dévoués au Roi, le soient aussi, par-là même, à nos libertés; des hommes qui jouissent, dans leurs départemens respectifs, d'une considération capable de réunir sur eux toutes les voix; des hommes qui soient assez intimement pénétrés des besoins de leur pays, pour ne pas reculer devant la nécessité de les manifester à la tribune ou dans les conseils; des hommes que leur position identifie avec celle de tous leurs concitoyens, et qui soient les sincères interprètes de tous leurs sentimens, comme les organes de leurs justes réclamations; des hommes pénétrés de cette vérité, que le moment est venu de travailler à l'intérêt public, que les circonstances sont pressantes, et que tous les bons royalistes se doivent entièrement à la France et à son Roi.

Que de bien aurait pu faire la Chambre actuelle, si elle ne s'était placée de son plein gré, dans une position qui devait la rendre dangereuse pour le pays, ou paralyser son action pour lui! Que de bien donc, à plus forte raison, n'aura pas à faire la Chambre qui succédera à celle-ci! Dieu veuille d'abord qu'elle ne soit composée que d'élémens homogènes, que de membres dignes les uns des autres! Que tous s'entendent franchement sur ces deux institutions principales, la royauté et la Charte, quelles que soient d'ailleurs les diverses nuances d'opinions propres à éclairer les discussions, mais non à les rendre violentes et séditieuses; que surtout ne se reproduise plus l'exemple de ces hommes d'abord signalés à l'estime publique par leur apparent amour pour leur Roi, que ses faveurs ont comblés, et qui plus tard, égarés par l'ingratitude ou par l'ambition, ont donné le scandale d'une coupable apostasie! Les cœurs des peuples, comme ceux des rois, se ferment à jamais pour de pareils hommes. Henri IV aurait peut-être fait grâce à l'un de ses obscurs assassins; il ne voulut jamais pardonner à un illustre conspirateur son favori.

Vienne bientôt le moment où nos législateurs nouveaux pourront apporter un remède salutaire au mal qui nous déchire! La première source de ce mal, je l'ai dit, c'est la licence de la presse, que j'ose accuser du crime de lèse-nation. Le grand Henri disait de ce crime : *Quand il est prouvé, le père ne peut solliciter pour le fils, le fils pour le père, la femme pour le mari, ni le frère pour le frère.* Quelles que soient donc les suggestions nouvelles du libéralisme en faveur d'un principe destructeur des sociétés, que ses futures tentatives viennent échouer devant la bonne foi des sages partisans de la liberté, et devant l'inflexible nécessité du gouvernement français!

Mais en attendant qu'à l'aide du pouvoir réorganisateur appelé par tous les vœux des Français, nous puissions obtenir des lois, dont le besoin devient chaque jour plus impérieux, reposons-nous tranquillement sur la noble fermeté de Charles X, sur la participation de l'auguste héritier de sa couronne; reposons-nous, enfin, sur le concours des sujets fidèles, qu'il appartiendra toujours à notre Roi d'associer aux bienfaits de ses salutaires inspirations.

Mais qu'on ne l'oublie jamais! il s'agit

de repousser une révolution menaçante, même pour ses plus dévoués partisans. Il est, en effet, des insensés qui, comblés, sous le Roi, de toutes les faveurs de la fortune, tournent imprudemment contre lui leurs efforts. En les voyant au sein du luxe, au milieu de leurs sortes de palais et de cour, exercer à loisir leur despotisme, pour les rappeler à des réflexions sérieuses et à une conversion salutaire, ne peut-on pas leur adresser ces paroles de Mirabeau? « Contemplateurs stoï-« ques des maux incalculables que cette « catastrophe vomira sur la France; im-« passibles égoïstes, qui pensez que ces « convulsions passeront comme tant d'au-« tres, et d'autant plus rapidement qu'elles « seront plus violentes, êtes-vous bien sûrs « que tant d'hommes qui se diront sans « pain, vous laisseront tranquillement sa-« vourer les mets dont vous n'aurez voulu « diminuer ni le nombre ni la délica-« tesse? Non, vous périrez! et dans la « conflagration universelle que vous ne « frémissez pas d'allumer, à la perte de

« votre honneur ne survivra pas une seule « de vos détestables jouissances. »

Toutefois, que cette révolution le sache bien, elle a pour barrière insurmontable la fermeté loyale de Charles X. Que de ressources puissantes cette fermeté ne nous offre-t-elle pas ?

Le Roi d'abord étant inébranlable, son avis aura toujours la prépondérance au milieu de ses propres conseillers : s'il en avait été ainsi sous Louis XV, l'Etat peut-être aurait été préservé de tous ses malheurs ; mais ce roi, dans sa faiblesse, après avoir donné le meilleur avis à ses ministres, se contentait de dire : *Vous verrez qu'ils prendront le plus mauvais.*

La fermeté du Roi deviendra bientôt celle de ses ministres, puisque le trône donnant la première impulsion, c'est le ministère qui le premier doit y répondre. Pour que ce ministère soit ferme, il ne suffit pas qu'il entre dans son sein quelques hommes dévoués, susceptibles individuellement de donner une bonne direction au gouvernement. Mais il faut que ses sentimens et ses opinions se confondent, parce que les divers membres d'un corps aussi important ne doivent avoir qu'un esprit et un cœur. Leur énergie alors se communique à l'administration de tout le pays, dont les bases se raffermissent, et dont la prospérité renaît. Si, au contraire, la division s'insinue dans les membres du ministère, il s'affaiblit, se décrédite, se perd, et peut perdre l'Etat avec lui. N'est-ce pas ainsi que l'absence de Necker, à l'une des séances royales, fut pour Mirabeau l'annonce d'une division dans le conseil du Roi, pour l'Assemblée nationale la raison de prétentions nouvelles et le signal d'excès inouis?

L'union la plus franche, la plus loyale, doit régner aussi entre ceux qui se disent les organes du parti royaliste. Ils doivent chaque jour fortifier, accroître la concorde par leurs doctrines, par leur exemple; et jamais la compromettre par le scandale passager de puériles, mais funestes mésintelligences.

Toutes les haines, en effet, ne doivent-elles pas tomber devant notre sincère amour pour le Roi et les institutions du pays? Sachons bien que cet amour pour nos Rois a toujours été si puissant en France, que le peuple lui a souvent fait hommage de ses souffrances et de ses adversités.

Sous Louis XV, un premier ministre imposa un cinquantième denier sur tous les fruits. Cet impôt, qui eût été vexatoire sans les circonstances, qui étaient pressantes, n'en fut pas moins jugé très-onéreux par le peuple, et accueilli par lui avec une profonde tristesse et une sorte de stupeur. Tout à coup on apprend la guérison du Roi, qui était malade à Metz, et son retour à Paris; à cette heureuse occasion, le peuple oublie ses chagrins, et se livre à la joie la plus vive. D'une commune voix, Louis XV reçoit alors ce titre de *bien-aimé*, héréditaire dans la royale famille, et qui, dans le langage français, est devenu le synonyme de *Bourbon*.

Cet écrit ayant été consacré presque tout entier à la défense de la royauté, il doit rappeler, en finissant, l'attention de nos législateurs sur les deux autres bases de l'État les plus importantes après elle. La première, c'est la religion catholique, qui doit toujours prospérer, et ne jamais péricliter en France; cette religion, par une victoire impossible à nos guerriers, a triomphé des barbares Normands; par elle, Charlemagne a civilisé les farouches Saxons; il serait donc bien coupable à nous de la laisser dégénérer; à nous, arrivés au faîte de la civilisation humaine, bienfait que nous lui devons. Cette religion, associée pour ainsi dire à la gloire du trône français, doit trouver les mêmes défenseurs; leurs ennemis communs exigent que toute notre sollicitude soit employée à les surveiller, comme tout notre zèle à les combattre, et n'oublions pas que Charles X, à l'exemple d'Henri IV, a des sujets égarés qui, ayant d'abord abjuré la religion de l'Etat, travaillent activement à l'établissement simultané de la république et du protestantisme.

C'est ensuite des hauts intérêts de la

pairie que doivent s'occuper sans relâche les conseillers du Roi; ils doivent tendre sans cesse à l'accroissement de sa puissance politique et territoriale. La faiblesse sur ce point ne serait pas excusée par le peuple lui-même, partisan de la grande richesse et des grandes influences, ses protectrices. D'ailleurs, travailler au développement de l'aristocratie, c'est travailler à la conservation même du pays. L'historien Pasquier a dit, sous Henri III : « Honorer la noblesse, « voilà le devoir du Roi; s'il ne le fait pas, « je publie dès à présent à son de trompe, « par tous les cantons de France, la ruine « de lui et de son Etat. »

La Chambre élective elle-même ne pourra paraître puissante aux yeux du pays, que lorsque les pouvoirs destinés à lui faire équilibre, jouiront d'avance d'une grande considération ; que lorsque les grandes mesures qu'elle sanctionnera ou proposera, seront proposées ou sanctionnées par des autorités déjà presque infaillibles aux yeux de la nation. C'est à ces résultats que nous devons arriver. Quand nous les aurons obtenus, les Français jouiront de tout le bonheur qui leur est réservé, et leur prince de toute la gloire qui lui en reviendra.

Sully a dit : « C'est au monarque que « retourne de droit la plus grande partie « de la louange, qui est due à une bonne « administration ; car ce ne sont jamais les « bons sujets qui manquent aux rois, mais « les rois qui manquent aux bons sujets. » Certes, n'appliquant à notre situation qu'une partie de ces paroles, j'ose assurer sans crainte d'être démenti, au nom de tous les royalistes, que ce n'est pas eux qui manqueront, vis-à-vis de Charles X, ni de dévouement, ni de zèle, ni de courage, ni de nombre même au besoin ; mais la prudente fermeté déjà manifestée à la France par son monarque, nous répond également que ce n'est pas lui qui manquera, vis-à-vis des royalistes, ni d'assurance dans leur amour, ni d'encouragement pour leurs efforts, ni de confiance en leurs succès.

FIN.

NOTES.

(1) *Extrait du discours du Roi.*

« Messieurs, le premier besoin de mon cœur est « de voir la France heureuse et respectée, *déve-* « *lopper toutes les richesses de son sol et de son in-* « *dustrie, et jouir en paix des institutions dont j'ai* « *la ferme volonté de consolider le bienfait.*

« La Charte a placé les libertés publiques sous la « sauve-garde des droits de ma couronne; ces droits « sont sacrés : mon devoir envers mon peuple est « de les transmettre intacts à mes successeurs.

« Pairs de France, députés des départemens, *je* « *ne doute pas de votre concours* pour opérer le « bien que je veux faire; vous repousserez les per- « fides *insinuations* que la malveillance cherche à « propager; *si de coupables manœuvres* suscitaient « à mon gouvernement des obstacles que je ne veux « pas prévoir, je trouverais la force de les surmon- « ter, dans ma résolution de maintenir la paix pu- « blique, dans la juste confiance des Français, et

« dans l'amour qu'ils ont toujours montré pour « leur Roi. »

(2) « *Le Roi règne et ne gouverne pas*, avons-« nous dit il y a peu de temps; c'est là la seule « question nouvelle qu'on puisse reprocher à la « presse. Cette question deviendra un jour ce qu'elle « pourra, une question de personnes, si un système « insensé l'emporte; mais aujourd'hui elle n'est « qu'une question de choses.

« Le gouvernement des sociétés appartient à qui « en est capable. Lorsque dans des pays peu avan-« cés encore, les cours sont seules éclairées, elles « gouvernent seules, et personne ne leur conteste « ce droit fondé sur la capacité. Mais il en est au-« trement dans tous les pays où les nations sont assez « avancées pour se gouverner elles-mêmes. Alors « elles le veulent parce qu'elles le peuvent.

« La France veut se gouverner elle-même, parce « qu'elle le peut. Appellera-t-on cela un esprit ré-« publicain? Tant pis pour ceux qui aiment à se « faire peur avec des mots. Cet esprit républicain, « si l'on veut, existe, se manifeste partout, et de-« vient impossible à comprimer.

« Il y a deux formes de gouvernement aujourd'hui « employées dans le monde pour satisfaire cet es-« prit : la forme anglaise et la forme américaine. « Par l'une, le pays choisit quelques mandataires,

« lesquels, au moyen d'un mécanisme fort simple, « obligent le monarque à choisir les ministres qu'ils « préfèrent, et obligent ceux-ci à gouverner à leur « gré. Par l'autre, le pays choisit ses mandataires, « ses ministres, et le chef de l'Etat lui-même tous « les quatre ans.

« Voilà les deux moyens connus pour arriver au « même but. Des esprits vifs et généreux préfére« raient le second. Mais la masse a une peur vague « des agitations d'une répuplique; les esprits posi« tifs calculant la situation géographique et militaire « de la France, son caractère, les troubles attachés « à l'élection d'un président, les intrigues de l'é« tranger le jour de cette élection, la nécessité « d'une portion de stabilité au milieu de la mobi« lité du régime représentatif; les esprits positifs « repoussent la forme républicaine. Ainsi la peur « vague des uns, la réflexion des autres, composent « une préférence pour la forme monarchique.

« On devrait être heureux, ce nous semble, de « cette disposition des esprits. Mais cette disposition « incertaine, souvent combattue, a besoin d'être « secondée; et il n'y a qu'un moyen de la seconder, « c'est de prouver que la forme monarchique ren« ferme une liberté suffisante, qu'elle réalise enfin « le vœu, le besoin du pays de se gouverner lui« même. Avec le mouvement des esprits, si on ne « produit pas cette conviction, on poussera les ima-

« ginations bien au-delà de la Manche, ou les pous-
« sera au-delà même de l'Atlantique.

« Si la charte, par exemple, ne contenait pas cette
« forme de gouvernement qui permet au pays de se
« gouverner lui-même, oh! sans doute, il faudrait
« ou y renoncer, et se taire, ou déclarer positive-
« ment que la loi fondamentale est mauvaise, s'é-
« lever aussi bien contre elle que contre ceux qui
« l'exécutent. Mais le gouvernement du pays par le
« pays est dans la Charte, dans cette Charte rédigée
« avec des intentions si étroites; et ce n'est pas mer-
« veille qu'il y soit; il est dans toute Constitution
« qui institue une Chambre élective, et lui donne
« le vote de l'impôt. On peut toujours l'en faire
« sortir avec un peu d'intelligence et de courage.

« Sur trois voix le pays n'en a qu'une; mais avec
« l'usage habile de cette voix, il *empêche*; il em-
« pêche, jusqu'à ce qu'on le laisse *faire*; et alors il
« gouverne, non pas de ses mains, ce qui serait
« une confusion, *mais par celle des ministres de*
« *son choix*.

« Tout cela, nous sommes assez heureux pour
« pouvoir le faire sortir de la Charte; et c'est là cette
« question de choses qui a été récemment et hardi-
« ment posée. Qui comprend nos opinions sur une
« telle question, comprend qu'il en résulte une par-
« faite indifférence pour les personnes. Ce système
« n'a même été inventé que pour qu'elles fussent

« indifférentes, pour qu'un mauvais prince pût succéder à un bon sans danger pour l'Etat. Ce système n'est que l'hérédité et l'élection se corrigeant mutuellement. L'hérédité fait succéder le méchant au bon, l'élection agite le pays. Grâce à ce système combiné, on corrige un inconvénient par l'autre; un prince quelconque succède à un prince quelconque, mais il ne gouverne pas; on lui impose ceux qui gouvernent pour lui. On a ainsi l'immuable pour éviter le trouble, et le variable pour atteindre le mérite.

« Un telle combinaison est, pour les personnes, l'indifférence systématisée. La France, d'ailleurs, doit être bien désenchantée des personnes ; elle a aimé le génie, et elle a vu ce que lui a coûté cet amour! Des vertus simples, modestes, solides, qu'une bonne éducation peut toujours assurer chez l'héritier du trône, qu'un pouvoir limité ne saurait gâter, voilà ce qu'il faut à la France! voilà ce qu'elle souhaite, et cela encore, pour la dignité du trône beaucoup plus que pour elle : car le pays, avec ses institutions bien comprises et pratiquées, n'a rien à craindre de qui que ce soit.

« La question est donc uniquement dans les choses. Elle pourrait être un jour dans les personnes, mais par la faute de ces dernières. Le système est indifférent pour les personnes; mais si elles n'étaient pas indifférentes pour le système; si elles

« le haïssaient, l'attaquaient, alors la question de-« viendrait question de choses et de personnes à la « fois. Mais ce seraient les personnes qui l'auraient « posée elles-mêmes. »

(3) En effet, Charles Ier, le seul roi de la branche des Stuarts qui eut peut-être quelques reproches d'imprudence à se faire, fut, d'après Lingard, victime non de la *vengeance* ni de la haine populaire, mais de l'ambition et de la cruauté de quelques adversaires, ou plutôt de quelques vautours altérés de son sang.

(4) Revoir l'article du *National*, cité plus haut. Il commence en effet par ces mots : « *Le Roi doit régner, et non gouverner.* »

(5) « Puisque la *Gazette de France* parle encore du comité directeur, nous lui répéterons ce que nous lui avons déjà dit plusieurs fois. Nous ne savons pas si le comité directeur existe; nous ne savons pas si, dans le cas de convocation des Chambres, il fera ce qu'annonce le journal ministériel; mais si le comité directeur existe, et *nous le désirons sincèrement*, nous ne pourrions pas lui indiquer une marche plus sûre et plus légale que celle qui se trouve tracée dans la *Gazette*. » (*France Nouvelle* du 10 avril.)

(6) Extrait d'un article du *Journal du Havre*, inséré dans la *Gazette de France* du 5 février.

(7) *Extrait de l'adresse de la Chambre des députés.*

« *Cependant*, Sire, au milieu des sentimens « unanimes de respect et d'affection dont votre peu« ple vous entoure, il se manifeste dans les esprits « une vive inquiétude *qui trouble la sécurité dont* « *la France avait commencé à jouir, altère la source* « *de la prospérité*, et qui, *si elle se prolongeait*, « pourrait devenir funeste à *son repos*. Notre cons« cience, notre honneur, la fidélité que nous vous « avons jurée et que nous vous garderons toujours, « nous imposent le devoir de vous en dévoiler la « cause.

« Sire, la Charte que nous devons à la sagesse « de votre auguste prédécesseur, et dont V. M. a « la ferme volonté de consolider le bienfait, con« sacre comme un droit, l'*intervention du pays* « dans la délibération des intérêts publics. Cette in« tervention devait être, elle est en effet indirecte, « sagement mesurée, et circonscrite dans des limites « exactement tracées, que nous ne souffrirons ja« mais que l'on ose tenter de franchir. *Mais elle* « *est positive dans son résultat*, car *elle fait du con*« *cours permanent des vues politiques de votre gou*« *vernement* AVEC LES VOEUX DE VOTRE PEUPLE, la

« condition *indispensable* de la marche *régulière*
« des affaires publiques.

« Sire, notre loyauté, notre dévouement nous « condamnent à vous dire que ce *concours n'existe* « *pas.*

« *Une défiance* injuste des sentimens et de *la* « *raison* de la France, est aujourd'hui la pensée « fondamentale de l'administration. Votre peuple « s'en afflige, parce qu'elle est *injurieuse* pour lui ; « il s'en inquiète, parce qu'*elle est menaçante pour* « *ses libertés.*

« Cette défiance ne saurait approcher de votre « noble cœur. Non, Sire, la France ne veut pas « plus de l'anarchie que vous ne voulez du despo- « tisme. Elle est digne que vous ayez foi *dans sa* « *loyauté*, comme elle a foi dans vos promesses. « Entre ceux qui méconnaissent une nation si calme, « si fidèle, et nous, qui, avec une conviction pro- « fonde, venons déposer dans votre sein *les dou-* « *leurs de tout un peuple*, jaloux de l'estime et de « la confiance du Roi, que la haute sagesse de V. « M. prononce. »

(8) *Extrait de l'adresse de la Chambre des pairs.*

« Le premier besoin du cœur de V. M. est de « voir la France heureuse et respectée, jouir en « paix de ses institutions. *Elle en jouira*, Sire. *Que*

« *pourraient* en effet *des insinuations malveillantes* « *contre la déclaration si expresse de votre volonté* « *de maintenir et de consolider ces institutions?*

« *La monarchie est le fondement de nos institu-* « *tions:* les droits de votre couronne y resteront « inébranlables; ils *ne sont pas moins chers* à votre « peuple que ses libertés. Placés sous votre sauve- « garde, elles fortifient *les liens qui attachent les* « *Français à votre trône et à votre dynastie, et les* « *leur rendent nécessaires.* La France ne veut pas « plus de l'anarchie que son Roi ne veut du des- « potisme.

« *Si des manœuvres coupables* suscitaient à votre « gouvernement des obstacles, *ils seraient bientôt* « *surmontés*, non pas seulement par les pairs, dé- « fenseurs héréditaires du trône et de la Charte, « mais aussi par le concours simultané des deux « Chambres, *et par celui de l'immense majorité* « *des Français, car il est dans le vœu et l'intérêt* « *de tous que les droits sacrés de la couronne de-* « *meurent inviolables, et soient transmis, insépara-* « *blement des libertés nationales, aux successeurs* « *de votre majesté, et à nos derniers neveux,* héri- « tiers de *notre confiance et de notre amour.* »

(9) *Extrait du discours de Mirabeau.*

« S'il est une maxime impie et détestable, ce se-

« rait celle qui interdirait à l'Assemblée nationale « de déclarer au monarque que son peuple n'a point « de confiance dans ses ministres. Cette opinion at- « taque à la fois et la nature des choses, et les droits « essentiels du peuple, et la loi de la responsabi- « lité des ministres, loi que nous sommes chargés « de statuer, loi plus importante encore, s'il est pos- « sible, au Roi qu'à son peuple.

« Et depuis quand les bénédictions et les malé- « dictions du peuple ne sont-elles plus le jugement « des bons ou des mauvais ministres? Pourquoi « une nation qui est représentée s'épuiserait-elle en « vains murmures, en stériles imprécations, plutôt « que de faire entendre le vœu de tous par ses or- « ganes assermentés? Le peuple n'a-t-il pas placé « le trône entre le ciel et lui, afin de réaliser, au- « tant que le peuvent les hommes, la justice éter- « nelle et anticiper sur ses décrets, du moins pour « le bonheur de ce monde?

« Et comment nous refuseriez-vous ce simple « droit de déclaration, vous qui nous accordez celui « de les accuser, de les poursuivre, et de créer le « tribunal qui devra punir ces artisans d'iniquités, « dont, par une contradiction palpable, vous nous « proposez de contempler les œuvres dans un res- « pectueux silence? Ne voyez-vous donc pas com- « bien je fais aux gouvernans un meilleur sort que « vous, combien je suis plus modéré? Vous n'ad-

« mettez aucun intervalle entre un morne silence « et une dénonciation sanguinaire. Se taire ou pu- « nir, obéir ou frapper, voilà votre système. Et « moi, j'avertis avant de dénoncer, je récuse avant « de flétrir; j'offre une retraite à l'inconsidération « ou à l'incapacité avant de les traiter de crimes. « Qui de nous a plus de raison ou d'équité? »

(10) *Opinion de* M. *B. Constant*, *en* 1814, *sur la prérogative royale.*

« Dans les projets présentés l'année dernière sur « la responsabilité des ministres, l'on a proposé de « remplacer par un moyen plus doux, en appa- « rence, l'accusation formelle, lorsque la mau- « vaise administration des ministres aurait com- « promis la sûreté de l'Etat, la dignité de la cou- « ronne, ou la liberté du peuple, sans avoir en- « freint, d'une manière directe, aucune loi positive; « on a voulu investir les assemblées représentatives « du droit *de déclarer les ministres indignes de la* « *confiance publique*.....

« Je n'aperçois, dans la déclaration proposée « au lieu de l'accusation, que l'énoncé d'un fait qui « se prouve, sans qu'il soit besoin de le déclarer; « mais je vois de plus que cette déclaration, par « cela même qu'elle sera moins solennelle et paraîtra « moins sévère qu'une accusation formelle, sera

« plus fréquemment prodiguée. Si vous craignez « que l'on ne prodigue l'accusation elle-même, « c'est que vous supposez l'assemblée factieuse; « mais si en effet l'assemblée est factieuse, elle sera « plus disposée à flétrir les ministres qu'à les accu- « ser, puisqu'elle pourra les flétrir sans se compro- « mettre, par une déclaration *qui ne l'engage à « rien, qui n'appelant aucun examen, ne requiert « aucune preuve;* QUI N'EST ENFIN QU'UN CRI DE « VENGEANCE. Si l'assemblée n'est pas factieuse, « pourquoi inventer une formule inutile dans cette « hypothèse, et dangereuse dans l'autre?

« Secondement, quand les ministres sont accu- « sés, un tribunal est chargé de les juger. Ce tri- « bunal, par son jugement quel qu'il soit, rétablit « l'harmonie entre le gouvernement et ses organes « du peuple; mais aucun tribunal n'existe pour « prononcer sur la déclaration dont il s'agit. Cette « déclaration est *un acte d'hostilité d'autant plus « fâcheux dans ses résultats possibles*, QU'IL EST « SANS RÉSULTAT FIXE ET NÉCESSAIRE. Le Roi et « les mandataires du peuple sont mis en présence, « et vous perdez le grand avantage d'avoir une au- « torité neutre qui prononce entr'eux.

« Cette déclaration est en troisième lieu UNE AT- « TEINTE DIRECTE A LA PRÉROGATIVE ROYALE, « ELLE DISPUTE AU PRINCE LA LIBERTÉ DE SES CHOIX; « il n'en est pas de même de l'accusation. Les mi-

« nistres peuvent être devenus coupables, sans que « le monarque ait eu tort de les nommer, avant « qu'ils le fussent. Quand vous accusez les minis- « tres, ce sont eux seuls que vous attaquez; *mais « quand vous les déclarez indignes de la confiance « publique*, LE PRINCE EST INCULPÉ OU « DANS SES INTENTIONS OU DANS SES LU- « MIÈRES, CE QUI NE DOIT JAMAIS ARRIVER DANS « UN GOUVERNEMENT CONSTITUTIONNEL.

« *L'essence de la royauté*, *dans une monarchie « représentative*, C'EST L'INDÉPENDANCE DES NOMI- « NATIONS QUI LUI SONT ATTRIBUÉES. Jamais le « Roi n'agit en son propre nom; placé au sommet « de tous les pouvoirs, il crée les uns, modère les « autres, dirige ainsi l'action politique, en la tem- « pérant sans y participer. C'est de là que résulte « son inviolabilité. *Il faut donc lui laisser cette pré- « rogative* INTACTE ET RESPECTÉE. IL NE FAUT JA- « MAIS LUI CONTESTER LE DROIT DE CHOISIR; *il ne « faut pas que les assemblées s'arrogent* LE DROIT « D'EXCLURE, DROIT QUI, EXERCÉ OBSTINÉMENT, « IMPLIQUE A LA FIN CELUI DE NOMMER.

« L'on ne m'accusera pas, je pense, d'être trop « favorable à l'autorité absolue; mais je veux que « *la royauté soit investie de toute la force, entourée « de toute la vénération qui lui sont nécessaires « pour le salut du peuple et la dignité du trône.*

« Que les délibérations des assemblées soient par-

« faitement libres; que les secours de la presse, « affranchie de toute entrave, les encouragent et « les éclairent; que l'opposition jouisse des privi- « léges de la discussion la plus hardie; ne lui re- « fusez aucune ressource constitutionnelle pour en- « lever au ministère sa majorité; *mais ne lui tracez « pas un chemin dans lequel*, S'IL EST UNE FOIS « OUVERT, ELLE SE PRÉCIPITERA SANS CESSE. *La « déclaration que l'on propose deviendra tour à « tour une formule sans conséquence*, OU UNE ARME « ENTRE LES MAINS DES FACTIONS.

« J'ajouterai que, pour les ministres mêmes, il « vaut mieux qu'ils soient quelquefois accusés, lé- « gèrement peut-être, que s'ils étaient exposés à « chaque instant à une déclaration vague contre « laquelle il serait plus difficile de les garantir. « *C'est un grand argument dans la bouche des dé- « fenseurs d'un ministre, que ce simple mot :* AC- « CUSEZ-LE.....

« La confiance dont un ministre jouit, ou la « défiance qu'il inspire, se prouve par la majorité « qui le soutient ou qui l'abandonne. *C'est le moyen « légal;* C'EST L'EXPRESSION CONSTITUTIONNELLE. *Il « est superflu d'en chercher une autre.* »

(11) *Réponse de M. Benjamin Constant à l'opinion précitée.*

« J'ai dit en 1814 qu'il valait mieux accuser les

« ministres que les déclarer indignes de la con-
« fiance publique, et j'ai développé les avantages
« que j'apercevais dans le premier moyen, et les
« inconvéniens qui pouvaient quelquefois résulter
« du second; mais dans quel système écrivais-je?
« dans celui d'une responsabilité fortement orga-
« nisée, descendant du sommet de la hiérarchie
« ministérielle jusqu'à l'agent le plus obscur, pu-
« nissant celui-ci d'avoir exécuté un ordre illégal,
« aussi bien que l'autre d'avoir donné cet ordre.
« Je supposais que la Chambre, investie du droit
« d'accuser, pourrait réclamer tous les renseigne-
« mens, toutes les pièces propres à jeter du jour
« sur les motifs de l'accusation. Alors, certes,
« l'accusation suffit pour délivrer le pays de minis-
« tres coupables.

« Est-ce le cas en France? avons-nous une res-
« ponsabilité organisée? possédons-nous des préro-
« gatives qui nous mettent à même d'exercer notre
« droit d'accusation? nous accorde-t-on les commu-
« nications qui nous sont nécessaires? pouvons-
« nous ordonner la comparution de témoins in-
« dispensables? ne nous a-t-on pas dit que si nous
« accusions les ministres, nous n'aurions pas le
« droit de nommer des commissaires pour sou-
« tenir devant la Chambre des pairs, l'accusa-
« tion que nous aurions votée? ne nous a-t-on
« pas annoncé que la Chambre des pairs ne re-

« connaîtrait ni ne recevrait nos commissaires?

« Mes raisonnemens de 1814 ne sont donc point « applicables à l'état de choses que nous subissons « en 1830.

« Nous ne pouvons pas accuser les ministres. « L'article 55 de la Charte est une théorie sans « exécution. En essayant d'appliquer cet article, « nous ne faisons que nous rendre ridicules. Il en « résulte qu'au défaut de tout moyen direct, nous « devons, quand il s'agit d'écarter les ministres « nuisibles, chercher d'autres ressources, et que « celle que je repoussais comme superflue, dans « l'hypothèse d'une responsabilité réelle, redevient « légitime et indispensable, parce que nous n'avons « qu'une responsabilité fausse et illusoire. »

FIN DES NOTES.

www.ingramcontent.com/pod-product-compliance
Ingram Content Group UK Ltd.
Pitfield, Milton Keynes, MK11 3LW, UK
UKHW022104260726
13993UKWH00001B/310